Adélaïde Mauvernay

Ma maison au naturel

Pour un habitat sain et écologique

Illustrations de Pierre Bourcier

VIGOT

Un petit pas pour vous, un grand pas pour la planète ?

Il y a soixante, cinquante, quarante ans, on croyait que le progrès était synonyme de conquête spatiale, d'industrialisation galopante, de plats préparés, de four à micro-ondes (dont le premier modèle fut construit en 1947), de deux voitures dans le garage et de tout un tas de gadgets, comme dans la villa de M. Arpel, le propriétaire de la maison futuriste du film de Jacques Tati (*Mon Oncle*, sorti en 1958).

Aujourd'hui nous avons conscience que si nous ne changeons pas rapidement notre façon d'appréhender les prochaines années, nous risquons fort de compromettre notre avenir sur Terre, ou du moins celui de nos enfants, et de devoir effectivement aller vivre sur une autre planète, parce que nous aurons épuisé les ressources de celle-ci…

Aujourd'hui nous savons que, si chacun des 6 milliards d'êtres humains qui vivent sur notre planète adoptait notre mode de vie, il faudrait 6 fois la Terre pour subvenir à nos besoins.

Tout cela, vous le savez, vous en entendez parler chaque jour davantage, alors pourquoi un nouveau livre sur l'habitat écologique ?

Le but de ce livre n'est pas d'être alarmiste – suffisamment d'informations circulent actuellement sur les dangers que nous faisons courir à notre environnement – ni culpabilisateur. Il ne s'agit pas non plus de retourner vivre, sans eau courante ni lumière, dans une cabane en rondins !

Loin des discours anxiogènes face auxquels vous pouvez parfois vous sentir démuni, ce livre est plein d'astuces et de gestes simples qui peuvent facilement s'intégrer à nos modes de vie actuels. Il vous aidera à transformer votre maison au quotidien et à en faire un cocon pour toute la famille, dans le respect de l'environnement.

Son but est de vous conseiller sur les meilleurs choix à faire au jour le jour pour votre santé et celle de vos enfants, au sein de votre foyer.

Et comme ces choix, par la même occasion, sont souvent les meilleurs pour l'environnement, de vous prouver qu'un petit pas de votre part peut contribuer à préserver l'avenir de notre planète.

CHAPITRE 1

Les chambres

Votre intérieur, votre refuge, le lieu où vos rêves vagabondent se doit d'être douillet et sain pour toute la famille. Mais la peinture, les revêtements muraux et les sols, les meubles, ou encore les vêtements que vous portez ou les jouets de vos enfants ont des conséquences sur l'environnement et la santé. Aménager votre maison impose parfois le recours à des produits qui sont loin d'être inoffensifs. Alors, vigilance !

ISOLATION ET CHAUFFAGE

La clé d'une chambre confortable et la moins polluée possible réside dans son isolation. Quel parent aimerait trouver son bout de chou enfoui dans un profond sommeil, loin, très loin au pays des rêves, mais glacé par un courant d'air, la couette en boule au bout du lit? Aucun. Mais attention, chauffer à l'excès une pièce pour lutter contre les courants d'air n'est pas une solution: surchauffer est nocif pour l'environnement, engendre des dépenses supplémentaires et, comble du comble, attire les acariens et nuit à la qualité du sommeil. En matière de radiateurs, choisissez de nouveaux thermostats, plus fiables, et le soir juste, après l'histoire, bordez bien votre enfant, enfilez-lui même, si nécessaire, une paire de chaussettes en coton bio, et, surtout, vérifiez l'isolation de vos fenêtres et de votre maison en général.

INCROYABLE, MAIS VRAI !
L'air serait le meilleur des isolants ! Investissez dans des doubles vitrages avec une entrée d'air – qui laisse passer de l'air entre les deux vitres –, pour vous protéger non seulement du bruit, mais aussi des variations de température.

Attention à ne pas confondre...

Une chambre isolée ne veut pas dire une chambre hermétique ! L'isolation doit impérativement permettre le renouvellement de l'air, sinon c'est le rendez-vous assuré avec des millions de particules invisibles à l'œil nu, mais que l'on respire innocemment et qui sont très toxiques pour la santé. Alors, aérez et ventilez !

Des vitrages efficaces

Sachez qu'un vitrage ordinaire est à peu près trois fois moins isolant qu'un simple mur de conception moyenne. Or, pour que la chaleur (en hiver) ou la fraîcheur (en été) ne s'envolent pas par les fenêtres, il est important de prêter attention à ce point – souvent faible – de la maison: pensez aux vitrages dits «pariéto-dynamiques». Derrière ce nom compliqué se cache une petite merveille : conçues comme des triples vitrages, ces installations tempèrent l'air avant qu'il ne pénètre dans la chambre. Résultat : fini l'effet «vitre froide», moins de déperdition énergétique, et un air renouvelé ! Magique, non ?

Comment savoir si une chambre est bien isolée ?

Tout simplement en vérifiant si l'isolation maintient une température intérieure stable. En effet, été comme hiver, l'isolation doit vous permettre de préserver une température agréable à l'intérieur de votre logement. Certains isolants, parce qu'ils ne laissent pas respirer les murs, favorisent l'arrivée d'une bête noire: l'humidité. Or d'une part l'humidité fragilise les murs, et d'autre part elle provoque le développement de moisissures, qui peuvent engendrer asthme et bronchites !

Aussi est-il important de sélectionner ses matériaux avec soin et de choisir une isolation qui ne permette pas à l'humidité de s'installer: pour lutter contre la condensation, pensez au renouvellement de l'air. Et laissez respirer votre maison grâce à des matériaux écologiques; votre santé et celle de vos enfants sont en jeu !

Tour d'horizon des matériaux d'isolation

Légende : ♥ bon; ♣ bon, mais attention; ♦ bof; ♠ mauvais

Les isolants végétaux et animaux

♥ **Le lin**, matériau respirant, est un isolant écologique de qualité.

Pourquoi pas une toiture végétalisée ?

L'association ingénieuse des végétaux avec la terre permet d'accroître l'inertie thermique. Une toiture végétalisée garantit ainsi plus de fraîcheur l'été et moins de déperdition de chaleur l'hiver, tout en améliorant l'isolation phonique. Attention cependant aux racines des espèces plantées : assurez-vous qu'elles n'altèrent pas l'étanchéité de la toiture…

♥ **Le chanvre**, très polyvalent, naturellement fongicide et antibactérien, est aussi un bon isolant écolo.

♥ **Le liège**, imputrescible et aux qualités écologiques indéniables, est un champion de l'isolation (même phonique).

♣ **Le bois**, matériau écolo par excellence lui aussi, est un bon isolant (il l'est 20 fois plus qu'une pierre naturelle). Attention toutefois aux panneaux en bois lamellé collé, qui contiennent des résines et des colles et peuvent donc émettre les insidieux et nocifs composés organiques volatils (COV), très toxiques (éthers de glycol ou formaldéhyde – de vraies cochonneries !). Préférez toujours les produits labellisés NF ou ceux portant la norme européenne E0, qui garantit l'absence de formaldéhyde.

♣ **L'ouate de cellulose**, fabriquée à partir de journaux recyclés, fait partie des meilleurs isolants écolo sur le marché. Elle permet une isolation thermique optimale hiver comme été. Cela dit, prenez vos précautions pour la pose, qui est délicate : les particules de cellulose peuvent provoquer des inflammations pulmonaires.

♣ **La laine de coton** absorbe bien la vapeur d'eau. Bémol : son utilisation encourage la culture du coton, intensive, polluante et grande consommatrice d'eau.

♥♥ Enfin, **la laine de mouton** est un isolant naturel efficace, tout comme **les plumes**, qui sont très saines.

Évitez les isolants minéraux

♠ **La laine de verre**, fabriquée à partir de verre recyclé, est qualifiée comme probablement cancérogène par le CIRC (Centre international de recherche sur le cancer).

♦♦ **La laine de roche** (basalte) et **la laine de laitier** (fonte), comme toutes les fibres, peuvent être irritantes pour la peau et les yeux et être inhalées,

Rassurez-vous !

Panneau solaire, petite éolienne, pompe à chaleur géothermique : aucune de ces énergies renouvelables ne crée d'émanations toxiques. Mais la meilleure énergie sera toujours celle que vous n'aurez pas consommée, quelle que soit votre source d'approvisionnement en électricité. Alors, adoptez un comportement économe !

donc se retrouver dans les voies respiratoires. Selon le CIRC, elles ne seraient toutefois pas cancérogènes par inhalation.

♠♠♠ **L'amiante** a été utilisé en France jusqu'en 1997, alors que son caractère cancérogène a été établi dès les années 1950… Attention à ses deux remplaçants, **les fibres céramiques réfractaires et microfibres de verre de type E et Glass-475** (fibres classées dans la catégorie 3 des substances cancérogènes), qui seraient tout aussi dangereux… Dans le doute, proscrivez-les !

Évitez aussi les isolants synthétiques

♠ Certes, ils sont bon marché, mais ils sont très polluants, quasi imperméables à la vapeur d'eau et sont de piètres isolants phoniques… Bref, rien de très séduisant !

ISOLATION ET CHAUFFAGE : PENSEZ AUX CRÉDITS D'IMPÔT ET AUX AIDES RÉGIONALES

Depuis 2005, il existe des dispositions fiscales très intéressantes pour mieux consommer l'énergie à la maison. Au menu: 15 % à 25 % de crédit d'impôt pour l'achat d'une chaudière basse température, 25 % à 40 % pour les appareils de régulation de chauffage, les matériaux d'isolation ou les chaudières à condensation (le *must* de la chaudière), et même 40 à 50 % de crédit pour les pompes à chaleur (géothermiques ou air-eau), l'énergie solaire, les inserts et poêles à bois.

Le saviez-vous ?

Si dès le départ on conçoit son habitation de façon écologique, on peut presque se passer complètement de chauffage, et surtout de climatisation (à laquelle, en règle générale, il vaut mieux éviter d'avoir recours). Pour alimenter sa maison en bonne énergie, il est toujours plus facile de partir sur des bases saines dès la construction.

Attention aux chauffages d'appoint !

Les radiateurs portatifs à gaz ou à pétrole peuvent être source de gaz toxiques. Privilégiez les radiateurs à bain d'huile. Moins nocifs pour la santé, ils présentent tout de même l'inconvénient de consommer de l'électricité.

Cela dit, si votre maison est déjà construite et installée mais que vous venez de comprendre l'impact qu'a un intérieur sain sur la santé de votre famille et sur la préservation de la planète, pas de panique ! Vous pouvez agir sur l'isolation, comme on l'a vu plus haut, sur la ventilation, mais aussi choisir des finitions naturelles respirantes tels le bois, la terre et la chaux. Sur le plan de l'énergie, vous pouvez aisément remplacer votre chaudière au fioul par une chaudière automatique à bois, et il existe quantité de solutions pratiques pour faire entrer dans une vieille maison les énergies renouvelables (chauffe-eau solaire, murs chauffants basse température, etc.).

Quelques précautions concernant le chauffage

Un chauffage défectueux est aujourd'hui encore l'une des principales causes d'accident domestique. Un conseil : à l'achat, préférez toujours un matériel agréé et, tous les ans, avant les premiers frimas, faites vérifier par un professionnel vos appareils de chauffage et cheminées. Si vous avez la chance d'avoir dans votre chambre ou dans celles de vos enfants une **cheminée**, prenez soin de l'entretenir afin que vos soirées hivernales romantiques ne tournent pas au drame : les cheminées, tout comme les **appareils de chauffage** au fioul ou au gaz, peuvent dégager du monoxyde de carbone si elles sont mal entretenues.

Non à la climatisation !

Imaginez un été caniculaire. Chaque soir votre lit se transforme en étuve tant vous transpirez, vos malheureux enfants ne ferment pas l'œil de la nuit à cause de la chaleur étouffante, vous ne rêvez que d'une chose : vous plonger dans un bain froid, vous laisser envelopper par un souffle d'air frais, et dans cette langueur torride vous ne savez plus que faire pour retrouver votre énergie et votre bonne humeur. Vous êtes à deux doigts de craquer et d'installer un système de clim... Ne-cra-quez-pas ! « Juste dans la chambre ! » vous direz-vous... Non, non, non !

Astuces pour rafraîchir l'atmosphère en cas de grosse chaleur

- Installez des stores ou des volets en bois, et fermez-les aux heures les plus chaudes de la journée.
- Investissez dans un ventilateur.
- Suspendez un linge humide devant la fenêtre ou le ventilateur pour un effet air frais.
- Passez régulièrement une serpillière humide sur le sol de votre chambre.
- Créez des courants d'air en ouvrant toutes les fenêtres de la maison.
- Installez un puits canadien (ou provençal), l'un des systèmes les plus astucieux et les plus écolo pour bénéficier d'une climatisation et d'un préchauffage naturels.

Quatre bonnes raisons de ne pas craquer :

1. La climatisation fait considérablement monter la facture d'électricité (partez plutôt pour le week-end dans un endroit frais !).

2. Elle contribue à accroître le réchauffement de l'atmosphère.

3. Elle peut être toxique, car il y a souvent des fuites de gaz réfrigérant.

4. Enfin, son dispositif de fonctionnement peut être un foyer de propagation de bactéries comme la légionelle…

Alors, convaincu ? Vacciné contre l'usage de la climatisation ? (On a eu chaud !)

Si malgré ces arguments imparables vous avez l'intention d'utiliser une clim, sachez qu'en maintenant votre logement 2 °C au-dessus de la consigne de température, vous économiserez jusqu'à 15 % sur votre facture climatisation… Mais ce n'est pas une raison pour en installer une !

LE PUITS DIT « CANADIEN » OU « PROVENÇAL », UN AMI QUI VOUS VEUT DU BIEN !

Ce système encore trop peu répandu peut réduire la température de 5 à 8 °C dans votre maison les jours de canicule pour une consommation électrique dérisoire. Il réduit également votre consommation de chauffage l'hiver.

Comment ? À deux mètres de profondeur environ, la température du sol est presque constante. Ce fameux puits exploite cette constance grâce à un collecteur enterré qui introduit dans la maison de l'air neuf.

L'hiver, cet air accumule les calories du sol et sa température peut dépasser celle de l'extérieur de 12 °C. Voilà donc 12 °C que vous n'aurez plus à produire avec votre chauffage. Résultat : économies en plus et pollution en moins !

L'été, c'est l'inverse : l'air chaud se refroidit en passant par le sol, et le puits agit comme une clim naturelle qui rafraîchit la maison en ne consommant presque pas d'énergie (juste celle d'un ventilateur). Une révolution !

LES MURS ET LES SOLS

Dès lors que votre chambre est correctement isolée, vous pouvez penser à en aménager l'intérieur.

DE BEAUX MURS POUR DE DOUX RÊVES

Contre toute attente, la solution la plus écolo pour habiller les murs est… la peinture ! À condition de bien la choisir ou de la faire soi-même.

À bas les peintures traditionnelles pleines de solvants, et vive les peintures 100 % bio ! Les peintures synthétiques classiques sont généralement composées d'un cocktail assez explosif pour la santé et l'environnement : solvants, liants de synthèse, pigments, charges et additifs pour améliorer les propriétés du mélange (fongicides, siccatifs, conservateurs…). Ces peintures, à l'huile mais aussi à l'eau, produisent des COV toxiques pour la peau, le foie et les reins.
Optez sans hésiter pour l'alternative écolo : fabriquées à partir de produits naturels, les peintures

Les vertus de la peinture à la chaux

Le retour en force de la peinture à la chaux dans la déco d'aujourd'hui est une bonne nouvelle. Cette peinture rustique qui couvre traditionnellement les murs des maisons méditerranéennes cumule quelques avantages non négligeables : elle ne nécessite aucun additif toxique, elle permet aux murs de respirer, elle sèche vite et s'applique facilement (à grands coups, avec une brosse large pour un fini naturel), elle n'a pas d'odeur, et, enfin, on peut la teinter avec n'importe quel pigment naturel. La peinture à la chaux, c'est tout beau !

écologiques sont inoffensives, sans danger pour l'environnement, et ne sont pas testées sur les animaux. Leur fabrication génère par ailleurs moins de déchets toxiques que celle des peintures ayant une forte teneur en produits chimiques, et elles causent moins d'allergies. Le temps de séchage est parfois plus long, mais ces peintures naturelles donnent un fini lisse, satiné et sans trace.

Ce qui est bio dans ces peintures

Dans ces peintures, le liant est à base de résines naturelles, de caséine ou d'huile de lin. Les pigments sont toujours d'origine naturelle (minérale ou végétale), et la craie, le talc ou la chaux servent de charge. Quant au diluant, il s'agit d'essence de térébenthine ou d'essence d'agrumes. Même les additifs sont à base de plantes : la bergamote est un excellent antifongique, la lécithine de soja un bon émulsifiant… Le résultat est édifiant : ces peintures respirent, ne dégagent quasiment pas de substances toxiques et sont 100 % biodégradables. Que demander de mieux ?

AÉREZ VOTRE CHAMBRE JUSQU'À CE QUE L'ODEUR DE PEINTURE FRAÎCHE AIT DISPARU

Pour lutter contre les composés organiques volatils (COV), évitez d'utiliser les peintures qui en contiennent. Rappelez-vous également que respirer des solvants excite le système immunitaire et favorise les allergies.

Alors, un conseil : aérez au maximum !

Attention aux étiquettes !

Les peintures écolabellisées, c'est-à-dire portant l'Écolabel européen ou la norme NF Environnement, libèrent moins de COV que celles qui ne sont pas écolabellisées, mais elles ne sont pas bio pour autant. Seules les peintures achetées dans les coopératives bio et les magasins spécialisés sont 100 % bio.

Les peintures étiquetées « Sans solvants », elles, ne garantissent pas l'absence totale de COV.

Enfin, les peintures antimoisissures sont à proscrire : elles contiennent un fongicide qui n'est autre qu'un pesticide.

Envie de changer de couleur ?

Voici une astuce naturelle pour décaper de façon écolo la peinture sur le bois : mélangez 1 kilo de lessive (bio) et 1 kilo de farine (bio) dans 10 litres d'eau. Faites bouillir le tout, étalez le mélange sur la partie à décaper et laissez agir une journée. Recommencez si besoin est.

Les plus courageux et les accro au c'est-moi-qui-l'ai-fait pourront préparer eux-mêmes la peinture (écologique, résistante et couvrante) de la chambre de leur(s) enfant(s).

La recette du WWF

Prévoyez un tiers de fromage blanc à 0 % (important, le 0 %, car la graisse risque d'imperméabiliser le mélange) et deux tiers de chaux aérienne. Ajoutez le pigment naturel de votre choix et de l'eau jusqu'à obtention de la consistance souhaitée. Mélangez ; vous obtenez une peinture naturelle prête à l'emploi !

La recette de la peinture à la caséine

La caséine en poudre, sous-produit du lait, se mélange avec de l'eau et des pigments naturels pour donner une belle peinture mate et lisse, idéale pour les chambres. Mélangez 250 g de caséine en poudre et 375 ml d'eau. Battez pour obtenir une pâte épaisse et laissez reposer une demi-heure. Ajoutez ensuite 125 ml d'eau, puis fouettez pour obtenir une consistance crémeuse. Laissez à nouveau reposer. Mélangez 50 g de pigment en poudre avec de l'eau. Ajoutez cette pâte épaisse à la caséine, et mélangez.

Autres revêtements muraux écologiques

- **L'argile ou la chaux** s'adaptent à tous les supports et offrent une ambiance chaleureuse et saine.
- **Pensez au bois**, à condition qu'il ne soit ni traité, ni verni, ni collé – il suffit de le clouer.
- **Attention aux papiers peints**, qui redeviennent très à la mode : ils stockent et libèrent tous les polluants émis dans la maison, y compris la fumée de cigarette. Mais, bien sûr, vous ne fumez pas, et encore moins dans votre chambre… Quoi qu'il en soit, si dans la chambre de votre petit dernier vous optez pour un papier peint aux jolis imprimés de nuages, voici deux recommandations : primo, évitez les papiers peints vinyliques plastifiés, qui contiennent du PVC (et qui, en plus d'émettre des COV, sont imperméables et empêchent les murs de respirer) ; deuzio, pour poser votre papier peint, utilisez une colle à tapisser d'origine végétale, sans formaldéhyde.

Zoom sur une vraie plaie : le formaldéhyde

Le formaldéhyde est un composé organique volatil (COV) présent dans de nombreux produits d'entretien (désodorisants, détachants) et dont l'usage est courant. On en trouve dans les peintures, les colles, les mousses isolantes, dans les papiers d'emballage, les tapis, les vêtements nettoyés à sec et dans la plupart des bois agglomérés et contreplaqués. Ses effets peuvent être terribles : irritation des voies respiratoires, des yeux, de la peau, troubles digestifs, neurologiques, etc. Reconnu par l'OMS comme cancérogène depuis 2004, il n'est pourtant pas interdit, et on en trouve dans toutes les pièces de sa maison !

Pour minimiser les effets de ses émissions, maintenez la température intérieure entre 18 et 20 °C, et l'humidité entre 35 et 50 %. Installez des hygromètres et des thermomètres. Enfin, aérez au maximum.

Méfiez-vous des colles et des vernis !
Les colles et les vernis sont loin d'être inoffensifs. Nombre d'entre eux peuvent émettre du formaldéhyde ou d'autres COV. Choisissez plutôt des colles naturelles faites à partir de déchets d'animaux ou à base de latex.

DES SOLS SAINS ET ÉCOLO

Sur quel sol votre dernier-né posera-t-il ses petits petons potelés pour faire ses premiers pas ?
Exit les moquettes synthétiques, nids à acariens, et dont la fabrication et la fin de vie sont extrêmement polluantes. Pour les remplacer, choisissez des moquettes et tapis en poil de chèvre ou en laine, ce sont de bons produits, durables, d'excellents isolants thermiques et des régulateurs d'humidité hors pair. Sinon, en matière de revêtements de sol relativement écolo, ce n'est pas le choix qui manque : bois, terre cuite, pierre, fibres végétales, ou encore linoléum réclament peu de produits chimiques.

Tour d'horizon des sols pour la chambre

- En premier lieu, **le parquet massif.** Il offre toutes les qualités du bois : il est esthétique, c'est un bon isolant thermique, il contribue à la régulation hygrométrique… Bref, c'est un excellent matériau. Choisissez-le en chêne, en châtaignier ou en mélèze ; il sera d'autant plus résistant. Deux recommandations si vous décidez de mettre du parquet dans vos chambres : achetez du bois local et/ou portant le label FSC, et, pour éviter les méfaits de la colle, préférez les parquets cloués aux parquets collés.
- **Les revêtements de sol durs** peuvent être une autre option. Pierre naturelle, carreaux en terre cuite, carreaux de faïence et autres carrelages sont faciles à entretenir, évitent le développement d'allergies et permettent de stocker la chaleur l'hiver et la fraîcheur l'été. Une mention spéciale pour le carrelage en terre cuite, parfaitement écolo, qui laisse passer la vapeur d'eau.
- Enfin, pour les inconditionnels des revêtements textiles, **les fibres naturelles** comme le sisal, le coco, le chanvre, le lin ou encore le raphia offrent une surface agréable pour les pieds nus, dégagent peu de COV et semblent convenir également aux personnes allergiques. Quelques réserves cependant : la plupart de ces fibres proviennent de pays aux modes de culture pas forcément très respectueux de l'environnement. Par ailleurs, comme tout revêtement textile, ces fibres absorbent les polluants

Les logos

FSC 1 PEFC 2 TROPICAL FOREST TRUST 3 QUALITÉ CTB CERTIFIÉE STRUCTURES BOIS 4

chimiques et accumulent les poussières. La solution : passez souvent l'aspirateur, et, encore et toujours, AÉREZ !

REDÉCOUVREZ LE VÉRITABLE LINOLÉUM !
Le lino, qui revient en force aujourd'hui, plus moderne et plein de style, a toutes les qualités requises pour la chambre des enfants : antistatique, très résistant, il attire peu la poussière, est anallergique, dégage peu de COV, et ses propriétés antibactériennes empêchent le développement de micro-organismes. Composé d'huile de lin, de résines naturelles, de farines de bois, de charges minérales et de pigments, l'authentique linoléum est l'un des revêtements les plus naturels. Mais n'en posez pas dans les pièces humides, car il craint l'eau.

LE BOIS

Le bois est le meilleur élément pour un intérieur sain. Pensez à lui pour aménager vos chambres et les autres pièces de votre maison. Parquets, terrasses, meubles, murs porteurs, charpentes… usez et abusez du bois, le matériau écolo par excellence ! Naturel, renouvelable, solide, isolant (il est 20 fois plus isolant qu'une pierre naturelle, par exemple), esthétique, il laisse respirer les murs, se recycle facilement… On ne compte plus ses innombrables qualités. Mais il n'est pas non plus absolument parfait : ce n'est pas un champion en matière d'isolation phonique (excepté le liège), et il faut faire attention aux produits utilisés pour le traiter (certaines boiseries d'intérieur peuvent être traitées par des insecticides ; renseignez-vous au moment de l'achat). Et veillez à bien le choisir, en toute conscience, afin de ne pas accroître la déforestation de notre précieuse planète.

Aide-mémoire pour choisir des essences de proximité

MENUISERIE EXTÉRIEURE	MENUISERIE INTÉRIEURE	PARQUET	PLACAGE DÉCORATIF	CONTREPLAQUÉ	MOULURES	MOBILIER DE JARDIN
Châtaignier	Châtaignier	Châtaignier	Frêne	Aulne	Aulne	Chêne
Mélèze	Chêne	Chêne	Merisier	Épicéa commun	Peuplier	Châtaignier
Chêne	Frêne	Frêne	Platane	Peuplier	Pin maritime	Pin maritime
Pin sylvestre	Hêtre	Hêtre	Noyer	Pin maritime	Pin sylvestre	Mélèze
Épicéa commun	Orme		Orme		Sapin	Pin sylvestre
	Noyer					Robinier

Comment s'assurer de la provenance du bois ?

Grâce aux labels, pardi ! Exigez-les auprès de votre vendeur.

- Le plus connu – et le plus sûr, soutenu par le WWF – est **le label FSC** (1) (Forest Stewardship Council), qui garantit une bonne gestion des forêts, en tenant compte des aspects économiques, sociaux et écologiques. Son système de certification garantit également la traçabilité des produits et couvre une superficie de 50 millions d'hectares dans le monde.
- **Le label européen PEFC** (2) (Programme for the Endorsement of Forest Certification Schemes) est le système de certification le plus étendu au monde avec ses 122 millions d'hectares de forêts.
- **Le TFT** (3) (Tropical Forest Trust), enfin, vous garantit qu'un bois exotique provient de forêts respectant les critères du développement durable. Mais, dans la mesure du possible, préférez tout de même un bois local à un bois exotique, car le transport n'est jamais très écolo…

Contourner le problème du traitement du bois

Vous l'aurez compris, le bois est un supermatériau aux multiples vertus, à installer dans toutes les chambres de vos enfants, pour leur assurer un bel intérieur, sain et chaleureux. Mais, encore une fois, attention, car certains traitements, vernis et autres huiles que l'on applique dessus sont susceptibles de dégager des COV. Les intoxications par inhalation peuvent être graves.

Alors, quelques conseils

- Lisez attentivement les étiquettes et respectez les consignes de sécurité inscrites sur l'emballage.
- Évitez tout particulièrement les traitements aux pyréthrinoïdes de synthèse et à la perméthrine, qui diffusent des COV irritants pour les voies respiratoires et les yeux.
- Donnez la préférence au chêne, au châtaignier, au mélèze ou au robinier, car leur essence est peu sensible aux insectes et aux champignons, et ils

ne nécessitent donc aucun traitement particulier (excepté contre les termites).

- Seuls les bois d'extérieur et de salle de bains, soumis à l'humidité, nécessitent des traitements antifongiques. Dans ce cas, achetez des produits portant le logo **CTB-P+** (logo n°4 page 18), qui garantit que la formulation du traitement est sans risque pour la santé et l'environnement.
- Protégez vos bois avec des résines naturelles.
- Enfin, pensez au bois chauffé à haute température (THT/Traitement à haute température), qui peut aussi être une alternative aux traitements chimiques.

L'astuce naturelle

Pour nettoyer vos meubles en bois, utilisez de l'huile d'olive et du jus de citron !
Dans un petit flacon en verre, mélangez 2 cuillerées à soupe d'huile d'olive vierge extra et 2 cuillerées à soupe de jus de citron frais. Secouez bien et appliquez sur les meubles avec un chiffon doux en coton bio. C'est extra !

TRUCS DE GRAND-MÈRE

- Essayez l'essence de clou de girofle, l'huile de bois de cèdre ou l'essence de mirbane pour éloigner les insectes de vos meubles en bois.
- Pour protéger vos charpentes et boiseries des champignons et ds insectes, pensez au borax (sel de bore ou borate de sodium), qui est un minéral d'origine naturelle. Soyez très prudents quand vous l'utilisez car le borax n'est pas sans danger. Son ingestion est toxique par exemple et il peut entraîner des nausées, des irritations cutanées ou des maux de tête.
- Pour nourrir vos meubles et les faire briller durablement, fabriquez votre propre cire d'abeille, efficace et non toxique. C'est très simple : râpez 75 g de cire d'abeille pure dans un bol, faites fondre au bain-marie, puis ajoutez 150 ml d'essence de térébenthine en remuant. Versez le mélange dans une boîte, ajoutez 10 gouttes d'huile essentielle de lavande, laissez refroidir, fermez, c'est prêt !

Les logos

LE DRESSING

Le bio, c'est beau ! Si, si, on peut être très tendance tout en respectant l'environnement et sa propre santé. Coton biologique, fibres de bois, teintures végétales, matières recyclables, fabrication équitable… Un dressing peut regorger de petites tenues écolo et branchées à faire pâlir de jalousie… Voici quelques secrets, mais ne les gardez pas pour vous ! Être une « écomodeuse », c'est aussi savoir partager ses bons plans.

Avant tout, décryptez consciencieusement l'étiquette du vêtement de vos rêves, et choisissez de préférence des vêtements écolabellisés :

- Les organismes internationaux comme **Demeter** (1), **IFOAM** (2) ou **IMO** (3) assurent que les textiles sont réellement biologiques.
- **L'Écolabel européen** (4) garantit l'écoconception du vêtement, c'est-à-dire que son impact écologique est réduit.
- **Oeko-Tex** (5) est une mine d'or pour les textiles : Oeko-Tex Standard 100 assure l'innocuité (pas de résidus polluants nuisibles à la santé, pas de risques d'irritation ni d'allergies), Oeko-Tex 1 000 garantit un mode de production respectueux de l'environnement, et Oeko-Tex 100+ cumule les deux prérogatives, santé et environnement.
- **Eko** (6) assure que le vêtement est constitué de fibres naturelles cultivées de façon biologique ou de fibres élastiques issues du caoutchouc naturel.
- Enfin, **Max Havelaar** (7) et **Artisans du Monde** (8) répondent aux exigences du commerce équitable.

Puis vérifiez que vous pouvez bien nettoyer vous-même votre vêtement, pour ne pas avoir à en passer par les terribles polluants du pressing d'à côté… Évitez en effet le nettoyage à sec, qui recourt à des solvants d'une grande toxicité pour la santé et la planète. Et si, pour la fabuleuse et unique petite robe haute couture que vous ne portez que pour les très grandes occasions, vous devez vraiment aller au pressing, choisissez un pressing écoresponsable – vous en trouverez la liste à la chambre des métiers de votre département.

L'astuce en plus

Pour une protection renforcée contre les mites, ajoutez quelques gouttes d'huile essentielle de cèdre ou d'eucalyptus à la dernière eau de rinçage de votre lessive et laissez tremper une bonne demi-heure.

Enfin, optez pour la bonne matière, c'est-à-dire une matière naturelle bio sans résidus chimiques, comme le lin, la laine, le chanvre, ou la soie, dont la production est bien de chez nous ou de pas trop loin. Évitez les fibres synthétiques, pas du tout écolo, dont la fabrication demande quantité de produits chimiques et beaucoup trop d'eau.

Mais si vous craquez pour un vêtement en fibres artificielles, orientez-vous vers l'ingénieuse laine polaire, en particulier celle qui est recyclée (renseignez-vous auprès du vendeur). C'est le pull idéal pour toute la famille, qui sera bien au chaud : légère et douce, cette fibre ne se repasse pas, sèche très rapidement et peut être fabriquée à partir de bouteilles en plastique recyclées.

ALLEZ, ON CHANGE LA COULEUR !

Pour teindre le linge et les habits de façon écolo, pensez aux colorants naturels comme la betterave, la canneberge, les peaux d'oignon, l'écorce de chêne, le safran, les graines d'aneth ou le café.

Attention, un ennemi de taille se cache peut-être dans votre dressing : l'antimite !

Les vapeurs des boules antimites classiques à la naphtaline ou au paradichlorobenzène sont très irritantes et pourraient provoquer des lésions oculaires et des troubles hépatiques et rénaux ! Ces substances chimiques sont en outre identifiées comme « peut-être cancérogènes » par le Centre international de recherche sur le cancer (CIRC). Mieux vaut donc les éviter et les remplacer par des antimites naturels comme l'eucalyptus, la lavande, la menthe poivrée ou le cèdre. Quelques poignées d'herbes sèches dans un mouchoir en coton attaché par un ruban ou quelques boules de coton saupoudrées de gouttes d'huile essentielle de patchouli dans les armoires et tiroirs, et *vade retro* les mites !

Faites vous-même votre pot-pourri, insecticide et qui fleure bon le jardin de votre enfance. Préparez un grand mélange de pétales de rose, de géranium et de pivoine, de clous de girofle, de feuilles de menthe, de thym, de laurier et de morceaux d'écorce.

Révolutionnaire !

Une machine à laver qui ne consommerait qu'un verre d'eau et 98 fois moins d'énergie qu'un lave-linge ordinaire ? L'appareil, véritable petit bijou écologique, pourrait voir le jour prochainement. Guettez sa commercialisation!

Laissez-le reposer plusieurs semaines, en le brassant de temps en temps. Faites ensuite des petits sachets délicieusement parfumés et diablement efficaces, et disséminez-les dans votre dressing.

Lessivez écolo !

Proscrivez les lessives traditionnelles !

Aujourd'hui nous savons tous que les lessives classiques sont bourrées d'ingrédients chimiques extrêmement polluants, notamment pour les eaux et nappes phréatiques, mais nous ne connaissons pas encore tous leurs effets sur la santé. On sait en tout cas qu'elles occasionnent des allergies et qu'elles sont irritantes pour la peau. Désormais, achetez donc des lessives bio, certifiées par un label !

Mieux encore qu'une lessive écolabellisée, les trucs et astuces 100 % naturels.

Au choix, vous pouvez remplacer votre lessive par :

- **Du savon de Marseille**, mais attention, le véritable et l'unique, celui qui contient au minimum 72 % d'huile d'olive (ou de coprah ou de palme). Vérifiez donc que ce pourcentage est bien spécifié sur l'étiquette. Vous pouvez l'acheter directement en paillettes ou râper le cube à l'aide d'une râpe à fromage ou d'un couteau économe. Un jeu d'enfant !
- **Des noix de lavage**. C'est très simple : mettez dans votre bac à lessive 6 coques de noix et quelques gouttes d'huile essentielle tels l'ylang-ylang, la lavande, le citron ou l'arbre à thé, qui désinfecte le linge. Ces petites boules sont très écolo, laissent le linge réellement propre, ont un effet antibactérien, n'entraînent pas d'allergie et, *last but not least*, elles permettent de dépenser moins. Adoptez-les de toute urgence, elles vous attendent sur Internet ou dans votre magasin bio.

Allez, encore quelques recettes naturelles très faciles, vos vêtements le valent bien, non ?

- **Pour adoucir et désodoriser** les shorts, polos et chaussettes après une partie de tennis endiablée, pensez à ajouter à votre lessive 60 g de bicarbonate de sodium pendant le cycle de rinçage.

■ Pour faire vous-même **une lessive très efficace et naturelle**, faites fondre 180 g de savon de Marseille en paillettes (ou râpez 150 g de savon d'Alep) dans 3 litres d'eau bouillante, puis ajoutez 100 g de bicarbonate de soude et 10 gouttes d'huile essentielle de lavande ou de pamplemousse. Mélangez bien, laissez refroidir et stockez le tout dans un récipient hermétique. Le tour est joué !

■ Pensez au **percarbonate de soude** pour un blanc plus éclatant. Il suffit d'en ajouter une cuillère à soupe dans votre lessive.

■ Enfin, pour assouplir votre linge de façon écolo, remplacez l'adoucissant classique par **2 bouchons de vinaigre blanc**. Il a tout bon puisqu'il enlève également les résidus de calcaire, préserve les couleurs et empêche le linge noir de devenir gris !

PETITS TRUCS ANTITACHES BIEN PRATIQUES

■ Votre aîné a donné le meilleur de lui-même pour réparer sa chaîne de vélo et s'est tartiné **de cambouis** partout, y compris sur la chemise que vous venez de lui acheter. Pas de panique ! Le liquide bio pour la vaisselle à la main est votre sauveur ; et d'ailleurs il est tout aussi efficace pour les taches de beurre.

■ Le petit dernier a barbouillé **de mûres et de framboises** sa salopette ? Un mélange d'eau bouillante et de savon devrait vous aider à faire disparaître les taches de fruits.

■ Et quand votre poussinette a les doigts et les vêtements pleins **d'encre** après avoir écrit la plus belle des rédactions, pensez à un mélange de lait et de citron.

DES JOUETS ÉCOLO ET SAINS POUR LES ENFANTS, C'EST POSSIBLE !

Le terrain de l'enfance, le lieu des constructions les plus fantasques, des courses de voiture ou des batailles chevaleresques, peut devenir toxique… Eh oui, la chambre de vos enfants peut être une zone contaminée par les innombrables cubes, trains, poupées, circuits et autres gadgets en plastique qui la peuplent. Il est bien connu que les jouets en plastique – malheureusement encore vendus en trop grand nombre – ont des émanations toxiques.
Que ce soit le PVC (qui produit de la dioxine) ou du vinyle souple (qui contient des phtalates), ces jouets aux apparences trompeuses et alléchantes avec leurs formes douces et leurs couleurs chatoyantes peuvent avoir des effets nocifs sur le foie, les reins et les testicules. Ils entraîneraient même des problèmes hormonaux et de fertilité !

Quelques conseils

- Privilégiez **les jouets en bois ou en caoutchouc naturel**, ainsi que les nounours et autres doudous en pure laine vierge non traitée ou en coton bio.
- Évitez les jouets nécessitant de l'électricité ou des piles. Au pire, équipez-vous de piles sans mercure ni cadmium, ou, mieux, **de piles rechargeables** (qu'il faudra bien sûr recycler en fin de vie, mais après au moins 500 utilisations).
- Vérifiez toujours que le jouet porte bien **la norme CE ou NF**, gages de sécurité.
- Prenez garde **aux peintures et vernis** décoratifs, qui peuvent être toxiques.

- Vous pouvez aussi **fabriquer vous-même** des jouets inventifs et durables en matériaux écolo.
- Au moment de l'achat, préférez les jouets issus du **commerce équitable**.
- Enfin, n'oubliez pas que **les jouets les plus simples** développent parfois bien plus le rêve et l'imaginaire que les jouets complexes en plastique, importés de loin, fonctionnant avec un nombre incalculable de piles, souvent très fragiles et de mauvaise facture…

LE NETTOYAGE ÉCOLO DES JOUETS ?
UN JEU D'ENFANT !

- **Pour les jouets en plastique ou en bois**, mettez 2 cuillerées à soupe de bicarbonate de sodium dans 600 ml d'eau tiède, et trempez-y le jouet ou nettoyez-le avec ce mélange, puis rincez avec de l'eau froide et laissez sécher.
- **Pour les peluches et les jouets en tissu**, utilisez également du bicarbonate de sodium, qui éliminera les odeurs et les taches. Saupoudrez de bicarbonate Madame la Girafe, ou placez-la avec le bicarbonate dans un sac plastique recyclable et fermez-le correctement, puis laissez agir quelques heures en agitant de temps à autre ; ensuite brossez soigneusement la peluche pour éliminer le produit, et vos enfants pourront faire gros câlin à leur doudou…

Des petites bêtes par milliers

Les acariens sont de la même famille que les araignées ; il en existe environ 50 000 espèces. Ces petites bêtes, qui font en moyenne entre 0,2 et 0,03 mm, peuvent proliférer jusqu'à 1 500 pour 1 g de poussière. Leur nourriture préférée est constituée de peaux mortes, et 1,5 g de peau peut nourrir 1 million d'acariens. Alors imaginez combien nos maisons en contiennent !

LA MAISON IDÉALE POUR UN ENFANT ALLERGIQUE

Trois consignes à respecter pour toutes les pièces

- Chauffez à **19 °C** maximum.
- **Aérez** fréquemment (les personnes allergiques aux pollens ouvriront plutôt leurs fenêtres le soir, car le taux de pollens est moins élevé, et les jours de pluie plutôt que les jours secs).
- Maintenez dans l'atmosphère **un taux d'humidité** de 50 à 60 %.

Côté ménage

- Passez tous les jours, et en l'absence de l'enfant, un aspirateur à filtres HEPA, qui retient 99 % des microparticules (excréments d'acariens par exemple).
- Remplacez les plumeaux (qui font voler la poussière) par des chiffons électrostatiques.
- Videz les poubelles régulièrement.

Si votre enfant est allergique aux acariens

- Choisissez un sommier à lattes en bois ou en métal.
- Recouvrez son matelas d'une housse antiacarien.
- Proscrivez gros coussins, couettes trop moelleuses, tentures épaisses et moquettes.
- Pour les murs, privilégiez la peinture et, pour le sol, le carrelage.
- Lavez (à 60 °C minimum) draps et taies chaque semaine, et oreillers et couvertures une fois par mois.

10 gestes écolo tout simples…

1. Habillez-vous en fonction des saisons. L'hiver, il est bien normal de porter une petite laine, même à l'intérieur, ou de mettre un pyjama en pilou à vos enfants (ce qui vous évitera de surchauffer votre maison). Acceptez donc d'avoir un peu froid l'hiver et un peu chaud l'été ; c'est la loi des saisons.

2. Maintenez chez vous une température raisonnable (autour de 19 °C). Dans votre chambre, la nuit, vous pouvez même la faire descendre jusqu'à 16 °C, vous dormirez encore mieux !

3. L'été, afin d'éloigner de votre lit les moustiques, optez pour une moustiquaire, ou posez sur votre table de nuit un morceau de coton (bio, bien sûr !) sur lequel vous aurez versé 3 gouttes d'huile essentielle de citron. Idoine pour des nuits estivales douces et sans insecticide !

4. Choisissez une déco durable en vous assurant que vos meubles en bois et votre parquet portent bien le label FSC (Forest Stewardship Council), lequel exige des exploitants la préservation de la biodiversité et la régénération des forêts. Ce n'est pas plus cher, et vous ferez une B.A.

5. Évitez de mettre dans les chambres du mobilier toxique : privilégiez des matériaux naturels plutôt que synthétiques, des meubles en bois véritable plutôt que du plastique ou de l'aggloméré, des tissus (tapisseries, rideaux…) en fibres naturelles, des volets en bois ou en métal, des draps 100 % coton, des couettes et des couvertures en duvet, en laine ou en coton bio… et bannissez à tout prix les draps infroissables – désolée pour les ennemis du repassage !, car ils sont souvent traités au formaldéhyde, un gaz chimique très nocif pour la santé.

et qui changent la vie

6. Les matelas, bien sûr, préférez-les en fibres naturelles : laine, crin de cheval, fibre de coco ou latex naturel. Au rendez-vous : hygiène, confort, écologie, une literie qui respire, donc moins de transpiration nocturne… Quel plaisir alors de sombrer dans les bras de Morphée !

7. Dans votre chambre, ne mettez aucun appareil électrique : ni couverture chauffante, ni réveil électrique, ni ordinateur, ni télévision. Les champs électromagnétiques qu'émettent ces appareils troublent le sommeil et peuvent nuire à la santé ! Remplacez donc la couverture chauffante par la traditionnelle bouillotte de grand-mère, utilisez un réveil à piles ou (mieux encore) mécanique, et savourez un bon roman plutôt qu'une mauvaise série télé.

8. Recyclez vos textiles (draps, vêtements, etc.) en les déposant dans les conteneurs prévus à cet effet ou en les donnant à des associations. Sinon, ils partent directement à l'incinérateur, et dans ce cas attention : lorsqu'on les brûle, certaines matières synthétiques peuvent dégager des substances toxiques.

9. Pour vos enfants, achetez des jouets avec le moins d'emballage possible. Ce n'est pas évident, vu la surenchère qui existe dans ce domaine, mais ça vaut la peine d'essayer.

10. Recyclez pour le bonheur des enfants : gardez vos vieux vêtements pour leurs déguisements, le papier d'usage pour leurs dessins et peintures, et les magazines ou journaux que vous avez lus pour leurs collages et pliages.

CHAPITRE 2

Le salon et le coin bureau

Pièce à vivre, lieu où la famille aime se retrouver pour refaire le monde, pour lire, pour des parties de jeux endiablées, ou alors coin du travailleur, temple de la concentration et du calme, le salon est une pièce centrale où l'on passe beaucoup de temps. Il a donc tout intérêt à offrir un cadre agréable, confortable et sain, pour augmenter tant le plaisir de la détente que la qualité et l'efficacité du travail. Pourtant, s'il y a un lieu où le gaspillage peut régner en maître et où la surenchère d'appareils électriques et électroniques peut faire rage, c'est bien le salon et son coin bureau…
Alors, commencez par inspecter l'air que vous respirez, car dans une pièce pleine d'ondes et de champs électromagnétiques, il peut être de mauvaise qualité.

L'AIR INTÉRIEUR

Savez-vous que la pollution est plus importante à l'intérieur de votre logis qu'à l'extérieur ? Eh oui ! Acariens, fumée de tabac et de cuisson, humidité, moisissures, produits d'entretien, et même l'air que nous expirons, tout concourt à créer une atmosphère délétère pour notre santé. Si vous ajoutez à cela les photocopieurs, ordinateurs, télécopieurs et imprimantes, qui dégagent de l'ozone, qui peut lui-même favoriser réactions allergiques et asthme, vous êtes paré ! Mais ne tombez pas dans la paranoïa : quelques réflexes très simples vous permettront de vous entourer d'un air sain.

AÉRATION ET VENTILATION, LES MEILLEURS COMPAGNONS

Ne vous barricadez pas chez vous ! Aération et ventilation sont la garantie de vivre dans une atmosphère saine, indispensable à votre santé comme à

Vive la diversification de ces plantes « magiques » !
Afin qu'elles absorbent un maximum de contaminants présents dans l'air, n'hésitez pas à en mettre partout chez vous, en évitant toutefois les chambres, car la nuit les plantes rejettent du gaz carbonique.

celle de votre maison.
En ce qui concerne l'aération, faites appel à votre bon sens : utilisez l'inertie des murs en fonction des saisons. C'est bête comme chou !

- **L'été**, pour gagner le plus de fraîcheur possible, ouvrez les fenêtres la nuit, lorsque l'air est plus frais au-dehors qu'au-dedans, l'idéal étant, si possible, d'ouvrir deux fenêtres sur des murs opposés, pour créer une ventilation traversante. Les murs se déchargeront ainsi de la chaleur accumulée dans la journée, et l'air vicié sortira et se renouvellera.
- **L'hiver**, pour perdre le moins de chaleur possible, ouvrez en grand pendant un quart d'heure deux fois par jour, matin et soir. L'air se renouvellera, mais les murs n'auront pas le temps de se refroidir.

Pour renouveler l'air, on peut aussi installer des évents, ou entrées d'air (une haute et une basse), ou tout simplement poser des fenêtres ou grilles de ventilation. Ces systèmes ont l'avantage d'être simples à installer et de n'utiliser aucune énergie, mais ils ne sont pas contrôlables, donc on ne sait pas précisément si l'air de la pièce est totalement renouvelé, ni combien de calories se sont envolées par les fenêtres… Si la qualité de l'air est vraiment votre dada, pensez à la ventilation mécanique contrôlée (VMC), qui est très répandue dans les habitations modernes. Elle garantit un renouvellement efficace de l'air intérieur. Malheureusement, elle est très dispendieuse en énergie.
Dans le même genre, mais plus économique et encore mieux : la ventilation double flux, un principe d'échange de chaleur entre air entrant et air sortant. Elle permet à l'air qui entre de ne pas arriver froid, et limite donc les dépenses de chauffage. Parlez-en à votre installateur, puis choisissez !

DES PLANTES VERTES DÉPOLLUANTES

Vous avez la main verte ? Mettez des plantes purificatrices dans votre salon et votre coin bureau ! Elles sont belles, décoratives (pas toutes, il faut le reconnaître, mais beaucoup le sont), et si vous les soignez bien, elles auront des effets bénéfiques sur votre

Tour d'horizon de quelques plantes dépolluantes reconnues

PALMIER D'AREC *Chrysalidocarpus lutescens*	Il neutralise les composés organiques volatils (COV).
FICUS *Ficus benjamina*	Il élimine le formaldéhyde (substance cancérogène présente dans la colle à moquette, les mousses d'isolation, les vêtements nettoyés à sec, etc.).
CHRYSANTHÈME *Chrysanthemum*	Il absorbe le trichloréthylène (interdit aujourd'hui car cancérogène ; il était présent dans les peintures et solvants). C'est une plante d'extérieur, mais vous pouvez de temps en temps la rentrer dans le salon, surtout si vous venez de le repeindre avec un vieux pot de peinture pas écolo…
AGLAONEMA *Aglaonema pictum*	Elle agit contre le benzène et le toluène (hydrocarbures toxiques présents dans les solvants et détachants, les colorants et médicaments).
PHILODENDRON RED EMERALD *Philodendron erubescens*	Il neutralise le PCP (fongicide utilisé dans le traitement du bois) et le formaldéhyde. Ses larges feuilles, qui dégagent beaucoup de vapeur d'eau, peuvent aussi contribuer à humidifier l'air.
CHLOROPHYTUM (plante araignée) *Chlorophytum comosum*	C'est un très bon dépollueur. Ultrarésistant, il est triplement efficace : contre le monoxyde de carbone, le formaldéhyde et le toluène.
AZALÉE ou **RHODODENDRON** *Rhododendron simsii*	Sa place se trouve du côté des toilettes, de la cuisine et de la salle de bains, car il absorbe les vapeurs d'ammoniac ainsi que le formaldéhyde et le xylène.
CAOUTCHOUC *Ficus elastica*	Il dissipe les vapeurs de formaldéhyde.
SPATHIPHYLLUM (fleur de lune) *Spathiphyllum wallisii*	Il lutte contre le benzène et le trichloréthylène. Véritable épurateur d'air, cette plante peut néanmoins être toxique à la santé de votre animal (chien, chat…) s'il venait à la manger.
ALOÈS *Aloe vera*	Il lutte contre le formaldéhyde.
LIERRE ANGLAIS *Hedera helix*	Il fait la guerre au benzène de la cigarette, des détergents, encres, peintures et matières plastiques. Très facile à entretenir, il est d'une efficacité redoutable – certains avancent que, en une journée, il peut éliminer 90 % du benzène présent dans l'atmosphère !

La cigarette, ennemi public n° 1

La fumée de cigarette est l'un des polluants de l'air intérieur les plus toxiques. Elle contient environ 4 000 substances, dont certaines – ce n'est pas un scoop ! – sont cancérogènes pour le fumeur lui-même, mais aussi pour son entourage. Elle potentialise en outre les effets cancérogènes des autres polluants. À bon entendeur…

santé en assainissant l'air, en le purifiant et en le régénérant. Certaines ont des pouvoirs dépolluants, car leurs feuilles absorbent les produits toxiques de l'atmosphère. Allez, tous au jardinage !

POURQUOI PAS UN IONISATEUR DANS VOTRE SALON ?

Vous pouvez installer un ionisateur pour rétablir dans l'atmosphère l'équilibre des ions positifs et négatifs déréglé par le matériel électronique, mais sachez que cet appareil consomme de l'énergie (ce qui n'est pas idéal pour la planète), et vérifiez bien sur la notice qu'il ne produit pas d'ozone.

PARFUMER VOTRE INTÉRIEUR ? POURQUOI PAS, MAIS RESTEZ ÉCOLO !

Vous aimez que votre salon, douillet et chaleureux, sente le propre, dégage quelques notes parfumées, discrètes, boisées ou fleuries ? Du coup, vous trichez un peu en mettant une bougie au jasmin par-ci, un petit coup de pschitt au cèdre par-là ? STOP ! Pour respirer un air sain, évitez les désodorisants, sinon, vous ferez le plein d'allergènes. Pour le bien de votre famille, de vos invités, de votre chat et de votre poisson rouge, oubliez tous les parfums d'ambiance. Aérosols, bougies parfumées, parfums de synthèse, diffuseurs électriques… tous ces désodorisants d'intérieur polluent et contiennent des substances chimiques néfastes pouvant entraîner des irritations des voies respiratoires et surtout accroître les risques d'allergies. La spectaculaire augmentation de l'asthme chez l'enfant ces dernières années pourrait même être imputée à tous ces parfums d'intérieur.

Suivez le bon sens de l'Observatoire de la qualité de l'air : « Ajouter des molécules dans l'air intérieur, même si elles sentent bon, c'est ajouter de la pollution. »

Si vous souhaitez embaumer votre salon de quelques effluves délicats, deux solutions écolo s'offrent à vous :

- Achetez des plantes qui sentent bon (gardénia, violette, etc.) et demandez conseil à votre fleuriste.
- Faites vous-même votre parfum d'ambiance, selon la méthode du WWF : mettez dans un pot des fleurs ou des fruits séchés, ajoutez une tasse de sel et un quart de tasse d'alcool à 90°. Fermez le pot, et brassez-en le contenu tous les jours. Au bout d'un mois, répartissez le mélange dans des petits pots ouverts, et disposez-les aux quatre coins du salon et du bureau, sur les radiateurs par exemple.

Des meubles beaux, résistants et écolo pour le salon et le bureau

- Privilégiez les matériaux naturels qui respectent la biodiversité et sont produits localement, comme, par exemple, le bois labellisé FSC.
- Évitez les équipements en PVC, dont l'incinération est très polluante pour l'atmosphère. Idem pour les produits composés de matériaux multiples : évitez-les, ils sont rarement recyclables.
- Pour vos rideaux et le revêtement de votre canapé, proscrivez les tissus antitaches, car leur traitement peut être toxique, et choisissez des tissus écolabellisés.

LE GASPILLAGE

La salle de séjour, et sans doute plus encore le bureau, sont des hauts lieux de gaspillage. Nous avons tous des progrès à faire pour ne plus utiliser de façon anarchique d'innombrables rames de papier, pour ne plus laisser en veille ordinateurs et téléviseurs, pour éteindre les lampes en partant ou ne plus jeter les fournitures à la moindre petite usure. Pour cela, deux astuces : bien choisir son matériel, et penser à le recycler.

UNE QUALITÉ FONDAMENTALE : LA PARCIMONIE

Économiser l'énergie est aussi bon pour la santé de la planète que pour celle du porte-monnaie.

Utilisez sans modération la lumière du jour !

L'idéal est d'installer le coin lecture ou le bureau près d'une fenêtre, afin d'optimiser la lumière du soleil et allumer ainsi les lampes le plus tard possible. Pour gagner encore en clarté, peignez vos murs en blanc (ou dans une couleur claire), ils réfléchiront mieux la lumière que des murs sombres.

En cent cinquante ans, la consommation d'énergie s'est démultipliée. Certes, nous sommes de plus en plus nombreux sur Terre, mais les véritables responsables de cette consommation effrénée sont surtout notre mode de vie et nos nouvelles habitudes de gaspillage.

Quelques astuces pour consommer moins d'énergie au quotidien

- Pensez à éteindre les lumières quand vous quittez une pièce.
- Bannissez les lampes halogènes, qui consomment un maximum d'énergie.
- Ordinateur, imprimante, téléviseur, magnétoscope, décodeur, chaîne hi-fi, etc. : ne les laissez pas en mode veille ! Éteignez-les complètement. Et si, lorsque vous avez appuyé sur le bouton « off », il reste une lumière, n'hésitez pas à les débrancher ou à installer une multiprise avec interrupteur. Dans ce cas-là, vous pourrez directement couper l'alimentation.
- N'allumez pas plusieurs appareils en même temps alors que vous n'en utiliserez qu'un à la fois.
- Préférez un ordinateur portable à un poste fixe : il sera plus pratique, et moins gourmand en énergie. Par rapport à un fixe, un portable consomme 50 à 80 % d'énergie en moins.
- Choisissez une imprimante à jet d'encre, elle consommera très peu (5 à 10 W) et n'aura pas besoin de préchauffage. L'imprimante à jet d'encre est donc beaucoup moins énergivore que sa cousine l'imprimante laser (200 à 300 W !).
- N'oubliez pas de régler l'économiseur d'écran et la mise en veille automatique de l'unité centrale.

ÉPOUSSETEZ LES AMPOULES !

Eh oui, on n'y pense jamais, pourtant ce n'est pas compliqué ! En éliminant régulièrement la poussière, on peut gagner jusqu'à 40 % de luminosité.

Le cas particulier des ampoules fluocompactes…

En matière d'éclairage, le bon écolo d'aujourd'hui remplacera ses ampoules classiques par des ampoules basse consommation, ou fluocompactes. Mais attention, elles ne sont pas sans inconvénients.

Le point sur leurs avantages

- Contrairement aux ampoules traditionnelles (à incandescence ou à filament), qui produisent beaucoup de chaleur (95 %), mais finalement peu de lumière (5 %), les fluocompactes, elles, produisent 80 % de lumière. Ainsi, une fluocompacte de 25 W équivaut à une classique de 80 W, voire de 100 W, et, en prime, ce qui n'est pas négligeable, il n'y a pas de risques de brûlure. Les petites mains qui se promènent partout vous en seront reconnaissantes !
- Elles vous feront faire des économies considérables. Certes, elles sont plus chères à l'achat (4 à 15 € environ), mais elles consomment 5 fois moins d'énergie. Bon point pour la planète, et pour la facture d'électricité !
- Elles ont une durée de vie 6 à 15 fois plus longue que les ampoules classiques.
- Plus de souci en matière d'ambiance lumineuse : la dernière génération de ces ampoules évite l'effet néon des fluocompactes des années 1980. Votre salon ne ressemblera pas à une station de métro.

QUE FAIRE SI UNE LAMPE FLUOCOMPACTE ÉCLATE ?
En premier lieu, attention à ne pas vous couper : la coupure d'un éclat de verre d'ampoule fluocompacte pourrait représenter un risque (infime) pour la santé. Il faut absolument balayer – et non aspirer – tous les débris. Ensuite, aérez la pièce où l'ampoule vient d'éclater et quittez-la pendant les 15 minutes qui suivent l'incident.

Les inconvénients à prendre en compte

- Ces ampoules ont besoin de quelques secondes pour s'allumer, puis pour atteindre leur puissance

Comment éviter de gaspiller l'encre ?
N'imprimez que le strict nécessaire, utilisez la fonction « brouillon/impression rapide », qui permet de consommer moins d'encre, et évitez l'impression en couleur.

maximale d'éclairage. Cela dit, aujourd'hui, le temps d'allumage est quasi immédiat pour certains modèles (optez pour les marques célèbres). Quoi qu'il en soit, dans le bureau ou le salon, ces quelques secondes ne posent pas de problème puisque ce sont des pièces où l'on reste généralement un certain temps. En revanche, évitez de placer des ampoules fluocompactes dans les endroits où la lumière n'est allumée que pour quelques instants (couloirs, toilettes, escaliers…).

- L'allumage et l'extinction trop répétitives de la lampe diminuent sa durée de vie.
- Leur rayonnement radioélectrique, très important, serait dangereux pour la santé. Évitez ainsi d'installer ces ampoules sur votre table de travail ou sur votre lampe de chevet et, dans le doute, respectez une distance de sécurité de 1 mètre au minimum.
- Attention enfin au recyclage de ces ampoules: classées «déchets dangereux» en raison notamment du mercure qu'elles contiennent, les ampoules basse consommation ne doivent JAMAIS être jetées à la poubelle. Votre distributeur a l'obligation de les reprendre. Vous pouvez aussi les déposer à la déchetterie ou contacter l'éco-organisme Recyclum, qui s'occupera de leur collecte et de leur recyclage (www.recyclum.com).

TRAVAILLEURS À DOMICILE, CHOISISSEZ BIEN VOTRE MATÉRIEL !

Lorsque vous achetez vos équipements et fournitures, ouvrez l'œil et respectez quelques consignes.

Imprimantes et photocopieurs

Ils peuvent dégager de l'ozone et des COV. Renseignez-vous donc sur leurs taux d'émanations, et installez le photocopieur aussi loin que possible de votre poste de travail, de préférence près d'une fenêtre ou d'un lieu ventilé. Choisissez un modèle comportant une option d'impression recto-verso et des composants recyclables.

Energy Star, un label à suivre

Le logo Energy Star indique qu'un équipement informatique est économe en énergie, aussi bien en fonctionnement qu'en veille. On le trouve sur les ordinateurs, les écrans, les imprimantes, les scanners, les photocopieurs, les fax et les appareils cumulant plusieurs fonctions.

Cartouches d'encre et toners

Les encres et cartouches sont souvent très chères, et elles génèrent beaucoup de déchets toxiques. Optez donc pour des cartouches recyclées ou rechargeables. Renseignez-vous sur les fournisseurs qui reprennent les cartouches usagées, retournez-les aux entreprises qui les fabriquent ou déposez-les dans les points relais (vous trouverez la liste sur www.recyclagesolidaire.org), mais ne les jetez jamais à la poubelle ! Et, surtout, veillez à ce que vos enfants ne jouent pas avec, car l'encre et les cartouches sont très nocives pour la santé : le toner peut avoir un effet irritant pour le système respiratoire.

Ordinateurs

Craquez pour un bel ordinateur écologique ! De plus en plus de marques (Asus, Dell, etc.) proposent des ordinateurs en bambou, durables, plus économes en énergie et ayant des composants recyclables séparément. Renseignez-vous à l'achat et faites un tour, pour les anglophones, sur le site américain, très pratique, www.epeat.net (Electronic Product Environmental Assessment Tool). Il offre un comparateur de produits informatiques classés par marques et fondé sur des critères écolo.

CD et DVD

Optez pour des supports réinscriptibles (CD-RW et DVD-RW), non seulement pour piocher moins souvent dans votre porte-monnaie, mais aussi pour éviter un gaspillage très polluant : on oublie trop souvent que ces disques usagés génèrent des tonnes de déchets toxiques.

Crayons, stylos et autres fournitures de bureau

Choisissez des colles, marqueurs et correcteurs à base d'eau ou d'alcool, des crayons en bois naturel (sans peinture ni vernis) et des feutres dits « lavables », dont l'encre ne contient pas de produits toxiques.

Écolo jusqu'entre les touches !

Oui, c'est possible ! Vous pouvez ôter la poussière sur l'écran de votre ordinateur à l'aide d'un chiffon antistatique, nettoyer votre téléphone (et surtout l'écouteur) avec un produit bio à base de citron, et les espaces entre les touches de votre clavier (très agaçants) à l'aide d'un coton-tige imprégné d'une solution de bicarbonate de soude.

Pour surligner vos documents, préférez les crayons de couleur aux feutres fluorescents – car leur plastique pollue, ou optez pour des surligneurs rechargeables.
C'est le grand retour des encriers ! Alors, comme au bon vieux temps, offrez-vous un beau stylo-plume à piston en bois labellisé FSC (la garantie d'une gestion durable).

Une rentrée scolaire 100 % verte

- **Le cartable :** il sera en cuir ou en fibre 100 % naturelle et sans colorants chimiques. Consultez par exemple les sites www.marche-equitable.com ou www.coqenpate.com ou encore celui de la société allemande HempAge (www.hempage.com). Ils proposent tous les trois une large gamme de besaces et de sacs à dos, généralement à base de chanvre, de coton bio ou de matériaux recyclés.
- **La trousse :** vous pouvez confectionner pour votre enfant une trousse écolo, rigolote et colorée en cousant des chutes de tissus.
- **Deux gadgets utiles :** une calculatrice solaire ou à l'eau à la place d'un modèle fonctionnant avec des piles, et une agrafeuse sans agrafes. Cet outil surprenant découpe tout simplement dans les feuilles à relier une languette qu'il insère dans une encoche qu'il crée en même temps ! On n'utilise donc pas d'agrafes, ce qui facilite le recyclage du papier, et en plus on prévient les risques d'accidents pour les plus petits. Toutefois, cette ingénieuse agrafeuse ne peut assembler que 4 à 6 pages.

Enfin, comme pour le reste, privilégiez toujours l'achat de fournitures comportant un écolabel.

ÉCONOMISEZ LE PAPIER !

Consommer trop de papier épuise nos forêts ; ça, vous le savez. Mais, en plus, la fabrication du papier mobilise d'innombrables ressources en eau, en matières premières et en énergie… Or nous consommerions environ 80 kilos de papier par an et par personne, vous imaginez ? Changeons nos habitudes !

Les logos

1 Papier recyclé 2 3

Le logo n° 1 est délivré par l'APUR (Association des producteurs et utilisateurs de papier recyclé) ; dans le carré de droite apparaît un chiffre (au minimum 50 %) qui indique le pourcentage de fibres recyclées utilisées, et sous la mention « papier recyclé » le numéro d'agrément qui certifie que ce papier est bien labellisé. Le logo n° 2 est parfois utilisé en association avec le logo n° 3, « l'ange bleu », label allemand qui fut le premier label environnemental créé, en 1977. Il garantit une teneur en fibres recyclées de 100 % et la non-utilisation de certaines substances chimiques dans le processus de fabrication.

Pour faire un geste, vous pouvez :

- Utiliser du papier recyclé.
- Faire des photocopies et impressions recto-verso.
- N'imprimer que ce qui est vraiment nécessaire, après avoir bien relu et corrigé le document à l'écran.
- Réduire votre consommation de papier couleur, plus difficile à recycler.
- Utiliser du papier déjà imprimé sur une face comme papier brouillon.
- Envoyer des e-mails : ils sont moins romantiques que le courrier traditionnel, mais tellement plus écolo !
- Refuser les prospectus de publicité.
- Éviter le plus possible le suremballage (pour le courrier notamment).
- Recycler les déchets de papier domestiques.

ZOOM SUR UN BON ÉLÈVE : LE PAPIER RECYCLÉ

Le papier recyclé n'a pas toujours bonne réputation : certains pensent qu'il produit plus de poussière que le papier traditionnel, et qu'il provoque des problèmes dans les imprimantes et photocopieurs. C'est faux, et les études le prouvent ! En plus, le papier recyclé peut être réutilisé jusqu'à 5 fois, et, lorsqu'il n'est pas blanchi, sa fabrication ne nécessite aucune matière première, consomme beaucoup moins d'énergie et pollue deux fois moins l'air et l'eau que celle du papier classique. Alors, pour vos lettres d'amour, choisissez-le et couchez dessus vos mots doux… en toute bonne conscience !

Enfin, privilégiez le papier recyclé dit « post-consommation », c'est-à-dire récupéré dans les bacs de recyclage, plutôt que celui fabriqué à partir de retailles de papier neuf, qui n'est en fin de compte pas vraiment recyclé.

Quelques chiffres...

- 48 millions de Français utilisent un mobile.
- On recense en France 16 millions de ménages abonnés au haut débit.
- Enfants et jeunes adultes : 70 % des 12-14 ans sont équipés d'un téléphone portable, et l'équipement culmine dans la tranche d'âge des 18-24 ans, avec 89 % d'utilisateurs.
- 47 000 : c'est le nombre total d'antennes de téléphonie mobile GSM (mobile de 2e génération) et 3G (3e génération) en France.

Source : *Libération*, 20 juin 2008

LES CHAMPS ÉLECTRO-MAGNÉTIQUES ET LES ONDES

Ah ! le progrès... Il émerveille autant qu'il inquiète, surtout lorsqu'il repose sur une technologie invisible, comme c'est le cas pour les ondes. Depuis l'apparition des fours à micro-ondes, des antennes relais, des téléphones portables, du Wi-Fi – j'en passe, et des meilleurs, une multitude d'études et de polémiques sur la dangerosité supposée de ces innovations ont vu le jour.

Quels sont les risques pour la santé ?

Il est en fait très difficile d'analyser les effets sanitaires réels des ondes, car notre environnement électromagnétique quotidien est extrêmement complexe. On parle d'augmentation des facteurs de risques de cancer, de troubles du sommeil et de troubles neurologiques (dont Alzheimer). Les hypersensibles aux champs électromagnétiques des bornes Wi-Fi souffriraient de maux de tête, de douleurs articulaires et

de difficultés de concentration. D'ailleurs, en Suède, cette hypersensibilité est reconnue comme handicap et indemnisée (300 000 personnes seraient concernées).

Le rapport américain BioInitiative d'août 2007 avance que l'usage d'un téléphone portable pendant dix ans au moins augmenterait de 30 % le risque de neurinome (cancer du nerf optique) lorsque le téléphone est placé tantôt contre une oreille, tantôt contre l'autre, et de 240 % lorsqu'il est placé toujours du même côté. Dans le même genre, mais avec des chiffres différents, une étude réalisée en Suède montre que le risque d'avoir une tumeur cancéreuse du côté où l'on téléphone serait multiplié par 2 au bout de dix ans d'utilisation…
Cela dit, les discours des chercheurs ne sont pas toujours les mêmes, et les associations, lobbies, experts et politiciens se contredisent sans vergogne ; c'est la cacophonie. Peut-être que la grande étude de référence, Interphone, lancée en 1999, mettra enfin tout le monde d'accord… Mais en attendant la publication de ses conclusions, inutile de sombrer dans la psychose. Il suffit de prendre quelques précautions et de faire preuve de bon sens.

D'une façon générale, mieux vaut se tenir à distance de l'objet soupçonné ; l'éloignement suffirait pour ne pas être exposé aux ondes. Ne vous placez donc pas à moins de 1,50 m de la télévision pour la regarder, mettez votre radio-réveil à 1 mètre de la tête du lit, ne vous approchez pas d'un micro-ondes en fonctionnement, évitez d'utiliser des couvertures chauffantes, préférez un rasoir manuel à un rasoir électrique, choisissez une plaque de cuisson électrique traditionnelle plutôt qu'une plaque à induction, etc. Tous ces gestes simples vous éviteront de vous exposer inutilement au quotidien.

Le label TCO

1 2

3 4

APPAREILS ÉLECTRIQUES ET ÉLECTRONIQUES : SOYEZ SÉLECTIFS ET MODÉRÉS

- Privilégiez le label TCO – 99 (1), 03 (2), 05 (3), 06 (4)…, qui s'applique notamment aux écrans et claviers d'ordinateur et aux imprimantes. Ce label s'appuie sur des critères tels que l'ergonomie du matériel, les émissions électromagnétiques, la consommation d'énergie, la « recyclabilité » des matériels, le faible bruit ou l'émission de substances polluantes.
- Dans votre bureau et/ou votre salon, installez un téléphone filaire plutôt qu'un téléphone sans fil. Les téléphones sans fil DECT (*Digital Enhanced Cordless Telephone*) utiliseraient une technologie à micro-ondes apparentée à celle des portables.
- Conservez le plus longtemps possible vos appareils électriques et électroniques, empruntez-les, louez-les, préférez-les en version solaire, à dynamo ou mécanique. Aujourd'hui encore, il est très difficile d'assurer un véritable retraitement de ces déchets d'équipements électriques et électroniques (DEEE) aux composants chimiques et toxiques.

Téléphonie mobile : téléphobie ?

Avec le téléphone portable, la situation est-elle la même qu'il y a cinquante ans avec l'amiante ou le tabac ? Sommes-nous en train d'assister, impuissants, à un immense scandale aux conséquences sanitaires désastreuses ? N'allons pas jusque-là : à l'heure actuelle, il n'y a aucune étude définitive prouvant la nocivité du portable.

Toutefois, un groupe de vingt chercheurs reconnus (pour la plupart cancérologues) avance que l'utilisation d'un portable peut augmenter les facteurs de risques de cancer en cas d'exposition à long terme. Ce risque serait accru chez les plus jeunes, plus sensibles à la pénétration des ondes dans le corps, surtout au niveau du cerveau. En juin 2008, ces vingt personnalités se sont regroupées et, d'une seule voix – une fois n'est pas coutume, se sont élevées contre les dangers potentiels du portable. Elles ont signé un appel et spécifié quelques précautions à observer dans l'attente de données définitives.

LES 10 RECOMMANDATIONS DES SIGNATAIRES DE L'APPEL

1. N'autorisez les enfants de moins de 12 ans à utiliser un téléphone portable qu'en cas d'urgence. Les organes en développement (qu'il s'agisse d'un fœtus ou d'un enfant) sont les plus sensibles à l'influence possible de l'exposition aux champs électromagnétiques.

2. Lors de la communication, maintenez le téléphone à plus de 1 mètre du corps (l'amplitude du champ baisse de 4 fois à 10 cm; de 50 fois à 1 mètre de distance). Utilisez le mode haut-parleur ou une oreillette avec connexion filaire.

3. Restez à plus de 1 mètre de distance d'une personne en communication, et évitez d'utiliser votre téléphone dans des lieux comme le métro, le train ou le bus, où vous exposez passivement vos voisins proches au champ électromagnétique de votre appareil.

4. Évitez le plus possible de porter sur vous un téléphone mobile, même en veille. Ne le laissez pas à proximité de votre corps la nuit, ou alors mettez-le en mode «avion» ou «hors ligne/off line», ce qui a pour effet de couper les émissions électromagnétiques.

5. Si vous devez le porter sur vous, assurez-vous que la face «clavier» soit dirigée vers votre corps et la face «antenne» (puissance maximale du champ) vers l'extérieur.

6. Utilisez votre téléphone portable pour établir le contact ou pour des conversations de quelques minutes (les effets biologiques sont directement liés à la durée d'exposition). Il est préférable de rappeler ensuite depuis un téléphone fixe (filaire, bien sûr).

7. Quand vous utilisez votre téléphone portable, avant de le placer contre votre oreille, attendez que votre correspondant ait décroché, puis changez régulièrement d'oreille.

8. Évitez d'utiliser votre portable lorsque la force du signal est faible ou lors de déplacements rapides, par exemple en voiture ou en train.

9. Communiquez par SMS plutôt que par téléphone (cela permet de limiter la durée d'exposition et la proximité du corps).

10. Choisissez un appareil avec le DAS (débit d'absorption spécifique, qui mesure la puissance absorbée par le corps) le plus bas possible. Votre opérateur devrait pouvoir vous répondre en toute transparence, sur son site Internet ou en boutique… Ou alors surfez sur www.cnetfrance.fr, et comparez grâce au classement DAS la nocivité des portables.

Le Label EcoSiteWeb

eco SiteWeb

LE CAS INTERNET

SURFER SUR INTERNET NE SERAIT PAS TRÈS ÉCOLO

Le saviez-vous ?

Le réseau Internet est un gigantesque consommateur de ressources énergétiques, et donc un pollueur majeur. Internet fonctionne en effet sur une multitude de serveurs regroupés en centres de données géants (les *data centers*). Ainsi, aux soucis écologiques liés aux ordinateurs mêmes (composants toxiques, consommation d'énergie…) s'ajoutent ceux qui se trouvent à l'autre bout de la chaîne : ces *data centers* consomment énormément d'énergie, car sur des milliers de mètres carrés y sont alignés des câbles et des ordinateurs aux capacités de calcul phénoménales. Il faut bien avouer qu'ils ont du boulot : ils doivent stocker et transmettre sans discontinuer les données des internautes du monde entier !

Bref, la consommation d'électricité d'un ordinateur est finalement minime par rapport à celle du serveur géant qui gère les transactions. Un universitaire allemand tire même la sonnette d'alarme en affirmant qu'à ce rythme, dans moins de 25 ans, Internet consommera autant d'énergie que l'humanité entière aujourd'hui…
Pas de panique, toutefois. À l'heure de la technologie verte, les géants du secteur informatique proposent déjà de nombreuses innovations destinées à améliorer le bilan écologique des centres de données.

Le *green hosting*, qu'est-ce que c'est ?

Ce terme, qui peut se traduire littéralement par « serveur vert », désigne les hébergeurs informatiques qui s'engagent en faveur de l'environnement en réduisant notamment la consommation d'énergie pour l'alimentation de leurs serveurs et de leurs *data centers*. En France, le pionnier du genre est Ikoula (www.monsiteestvert.fr), hébergeur engagé dans une politique environnementale ambitieuse.

Quelques exemples surprenants avancés par d'éminents chercheurs

■ Un personnage virtuel de Second Life consommerait en moyenne chaque année la même quantité d'électricité qu'un habitant du Brésil.

■ Télécharger sur son ordinateur la version électronique de son quotidien préféré consommerait autant d'électricité qu'une lessive à la machine.

■ Une recherche sur le site Google équivaudrait à une heure de lumière dispensée par une ampoule à économie d'énergie.

Les comparaisons ne manquent pas, même s'il faut évidemment les prendre avec des pincettes.

Il promet par exemple de choisir des composants à faible consommation électrique, de recycler ses déchets informatiques, de diminuer ses besoins en clim, etc. Pour savoir si un site est hébergé par Ikoula, guettez le petit logo EcoSiteWeb figurant en haut ou en bas de la page.

COMMENT SURFER VERT EN ATTENDANT MIEUX ?

■ **Installez en page d'accueil** le site www.netvibes.com/newsenvironnement pour une revue de presse complète des news consacrées à l'environnement dans les plus grands journaux (*Le Monde*, *Les Échos*, *Le Figaro*, *Le Nouvel Observateur*, etc.), dans les ONG et les associations écolo. En bref, toute l'actualité de notre chère planète sur une seule page !

■ **Téléchargez gratuitement la barre d'outils** Ecolo info (qui viendra se loger juste au-dessous de la barre d'adresse de votre navigateur Internet). Une mine d'informations sur le développement durable, l'environnement, les boutiques bio, les créateurs engagés, les blogs écolo, etc. 1 300 sites et adresses pour consommer en toute écocitoyenneté (http://ecoloinfo.com/).

■ **Effectuez vos recherches** sur www.veosearch.com. Il s'agit d'un moteur de recherche solidaire qui permet de financer des projets associatifs écolo. Le principe est simple : chaque recherche sur Veosearch génère des revenus publicitaires, dont 50 % sont reversés à des associations au service du développement durable.

■ **Dites non** aux agaçants prospectus de publicité qui polluent si souvent votre boîte aux lettres. Pour ce faire, imprimez une affichette « Stop Pub » sur le site du ministère de l'Écologie (www.ecologie.gouv.fr, puis cliquez en bas à droite, sur « Les éco-gestes au quotidien »), et collez-la sur votre boîte aux lettres, ou téléchargez l'autocollant « Pub, non merci, je la lis sur pubeco.com », et, de la même façon, collez-le sur votre boîte aux lettres. Le site www.pubeco.fr vous permettra à la fois de refuser les tonnes de prospectus qui encombrent votre boîte aux lettres et qui finissent toujours à la poubelle (40 kilos par an !), tout en vous tenant au courant des promotions et

C'est décidé, Internet va vous faciliter la vie au quotidien

Pour économiser papier, timbres, enveloppes, chèques et utilisation intempestive de la voiture, inscrivez-vous aux services de facturation électronique, gérez vos comptes par Internet et abonnez-vous aux prélèvements automatiques. Aujourd'hui, vous pouvez presque tout payer via Internet : factures de téléphone, abonnements haut débit, et même faire votre déclaration d'impôt en ligne. Au passage, bien sûr, vous pouvez même faire les courses pour toute la famille. Quel gain de temps !

autres bons plans proposés chaque semaine par les magasins près de chez vous.

- **Développer ses photos numériques** sur le Web, c'est pratique. Mais, pour le faire en toute écologie, allez sur www.photostore.fr : toute la production est labellisée Imprim'Vert, un écolabel qui garantit le recyclage des matériaux utilisés, la limitation des déchets nocifs et du plastique, le système d'impression « waterless », etc.

LA POLLUTION SONORE

Vous aimez organiser de grosses fêtes le week-end ? Votre arrière-grand-mère regarde ses émissions de télé avec le volume à fond ? Vous écoutez l'Adagio d'Albinoni à tue-tête, le soir après une bonne journée de travail ? Votre ado joue de la guitare électrique tous les mercredis avec ses copains et transforme le salon en salle de rock ? Que de sons ! Que de bruits peu indiqués pour la santé et insupportables pour les voisins ! Le bruit, à définir comme « un son qui gêne », n'est pas souvent considéré comme un important facteur de risque pour la santé. Pourtant, il demeure une nuisance majeure à la maison et ses effets se répercutent sur la totalité de l'organisme. Le bruit peut être à l'origine de troubles auditifs, de stress, mais aussi perturber le sommeil, voire la santé mentale. C'est une véritable pollution qui concerne tout le monde, et en particulier les jeunes (volume trop élevé dans le baladeur, concerts, discothèques, etc.).

Le bruit est donc une nuisance très gênante et très répandue, à laquelle on ne s'adapte jamais vraiment. Il nuit à notre équilibre, et il dérangerait plus d'un Français sur deux, mais ce n'est pas une fatalité : on peut lutter efficacement contre cette pollution.

Différentes solutions en fonction du type de bruit

- **Pour les bruits aériens extérieurs** (la rue, le trafic routier, une usine, un chantier, un aéroport, une gare…), isolez les ouvertures (fenêtres, portes),

Les principales sources de gêne dans la maison

La circulation routière arrive en pôle position, suivie par les bruits du voisinage (conversations, cris, pas, claquements de portes, personnes qui en pleine nuit dévalent l'escalier en parlant fort, télévision, musique, aboiements, appareils électroménagers, perceuses, etc.) et, de plus loin, par les deux-roues à moteur. Viennent ensuite les autres bruits de la rue, les avions et les trains.

parce que ce sont les points faibles et parce que là où l'air passe, le bruit passe.

- **Pour les bruits émis par les voisins**, deux options. Réduire le bruit à la source en demandant gentiment à vos chers voisins d'être moins bruyants (en baissant le son de la télévision par exemple). Régler le problème à l'amiable est toujours la meilleure solution, quand c'est possible. Sinon, il faut améliorer l'isolation du logement. Pour cela, il convient d'identifier le cheminement du bruit avant d'intervenir : les murs, les cloisons et les sols contribuent à sa transmission.
- **Pour les bruits relevant des équipements collectifs** d'un immeuble (chauffage, ascenseurs, chaudières, vide-ordures, canalisations, porte de garage, etc.), adressez-vous au syndic. La plupart du temps, un simple réglage peut résoudre le problème.

DANS TOUS LES CAS, VOICI LA CHARTE DE BON VOISINAGE SELON L'ADEME (Agence de l'environnement et de la maîtrise de l'énergie)

1. Je n'ai pas le droit de gêner mes voisins, ni le jour ni la nuit.
2. À la maison, je marche avec des chaussons, des chaussettes ou pieds nus.
3. J'évite de courir dans l'appartement.
4. Je m'habitue à ne pas crier, et je constate qu'on me comprend quand même.
5. Je modère le son de ma télévision et de ma chaîne hi-fi.
6. J'achète des appareils électroménagers silencieux et je ne les fais pas fonctionner la nuit.
7. Je bricole et je tonds la pelouse à des horaires acceptables par tous.
8. Je ne claque pas les portes.
9. Je descends les escaliers sans faire trop de bruit.
10. J'apprends à mon chien à ne pas aboyer inconsidérément.

Et souvenez-vous de cet adage : « moins on fait de bruit, mieux on s'entend… ».

Et si vraiment vous avez des voisins très récalcitrants, vous pouvez toujours faire valoir vos droits – en gardant votre calme – et vous référer à :

- L'article R 623-2 du code pénal pour le tapage nocturne.
- Les articles R 48-1 à 5 du code de la santé publique pour les bruits de voisinage.

DES BRUITS COURENT SUR LE BRUIT…

- **« Le bruit est autorisé jusqu'à 22 heures » : eh non !** Le tapage diurne est interdit au même titre que le tapage nocturne, et les amendes sont les mêmes !
- **« On a le droit de faire une soirée bruyante une fois par mois » : c'est faux !** La loi ne prévoit rien là-dessus. Il faut prendre quelques précautions telles que prévenir les voisins suffisamment à l'avance – et pourquoi pas les inviter, et, même si la fiesta bat son plein, tenter de respecter un horaire convenable pour la fin de la soirée.

7 gestes écolo tout simples… et qui changent la vie

1. Maintenez toujours une température autour de 19 °C.

2. Aérez un maximum, quotidiennement. Même les jours de grande pollution, ouvrez vos fenêtres, mais de préférence tôt le matin.

3. Évitez de brûler vos déchets dans la cheminée, ils pourraient émettre bien plus de dioxines que dans un incinérateur.

4. Une envie d'un parfum frais et éphémère ? Quelques écorces d'orange ou de citron et des pétales de fleurs près d'une source de chaleur (radiateur, cheminée, etc.), et le tour est joué !

5. Éteignez complètement (jusqu'à ce qu'il n'y ait plus aucune petite lumière rouge) tous vos appareils électriques (ordinateur, imprimante, magnétoscope, chaîne hi-fi…) avant de vous coucher.

6. Recyclez : déposez les cartouches d'encre d'imprimante ou de photocopieur usagées dans les points relais (www.recyclagesolidaire.org), et les piles et batteries dans les nombreux points de collecte (www.batribox.fr).

7. Une bonne action : votre vieil ordinateur fonctionne encore, mais vous ne vous en servez plus ? Pourquoi ne pas le donner à une association, une école, une entreprise d'insertion ? Consultez l'annuaire des organismes qui récupèrent les ordinateurs inutilisés (http://don.ordi.free.fr).

CHAPITRE 3

La cuisine

La cuisine, antre des amateurs de bonne chère, des fées du logis et des retrouvailles entre les membres de la famille, est aussi le lieu des retrouvailles avec de nombreuses pollutions contemporaines. Entre le contenu de nos assiettes, les multiples emballages, les déchets générés et l'entretien de la pièce, il y a de quoi polluer à outrance la planète et se détruire la santé.

DANS L'ASSIETTE

Comment ne pas s'inquiéter des effets sur la santé des pesticides, des OGM, des polluants industriels, des graisses trans, des additifs, des dioxines, etc., contenus aujourd'hui dans les aliments? Les études sont controversées, les pouvoirs publics ne sont pas d'accord; plus personne ne s'y retrouve, et nous encore moins. Alors, que fait-on? On applique tout simplement le fameux principe de précaution et on mange très varié pour ne pas exposer l'organisme aux mêmes polluants.

LES BÊTES NOIRES

Les OGM

Depuis une quinzaine d'années, la polémique fait rage entre les partisans et les adversaires des organismes génétiquement modifiés. Pour les uns, les OGM constituent une nouvelle révolution verte : ils sont inoffensifs pour la santé, ils protègent l'environnement et restent la seule solution au problème de la faim dans le monde. Pour les autres, les OGM représentent une réelle menace pour la santé et l'environnement : toxiques, ils fragilisent les personnes qui les consomment, polluent les sols, contaminent

Traquez les OGM et suivez le guide...

Très pratique pour faire les courses, le guide édité par Greenpeace en 2006. Il classe par liste (verte, orange ou rouge) et par rubrique les aliments contenant des OGM : www.greenpeace.org/raw/content/france/presse/dossiers-documents/guide-ogm-greenpeace-2006.pdf.

Et, pour une version encore plus actualisée du guide : www.greenpeace.org/raw/content/france/presse/dossiers-documents/guide-ogm-greenpeace-2006-2.pdf.

les autres cultures et réduisent la biodiversité. Un rapport récent démontrerait même que les OGM feraient augmenter l'usage des pesticides.

Les OGM divisent donc les chercheurs, les industriels, les agriculteurs et les responsables politiques, et ils sèment une totale zizanie chez les simples consommateurs que nous sommes. Alors, dans le doute, évitons-les en lisant bien les étiquettes afin de nous assurer que les produits choisis sont garantis sans OGM. Et, bien sûr, il faut être plus particulièrement attentif au soja, au colza, au maïs et à tous les aliments qui en contiennent.

Les pesticides

Nous, Français, sommes les plus grands utilisateurs de pesticides en Europe, et les troisièmes dans le monde ! Nous en consommons depuis des années, souvent sans le savoir, et surtout sans vraiment connaître leurs effets sur la santé. Inodores et incolores, les pesticides sont partout. Comment leur échapper ? Pareil : le principe de précaution !

QUELQUES CHIFFRES...

Publiée en mai 2008, une étude de la DGCCRF (Direction générale de la concurrence, de la consommation et de la répression des fraudes) a montré que **45 % des fruits et légumes présentaient des traces de pesticides** à des taux dépassant les limites autorisées dans 6 % des cas. Les fruits sont les plus touchés : 65 % d'entre eux contiennent des résidus de pesticides, et 5,5 % ne sont pas conformes à la réglementation, les dépassements concernant essentiellement les fraises, les mandarines et les poires. À titre d'exemple, une simple pomme peut subir jusqu'à 36 traitements chimiques avant d'être croquée !

Quant aux légumes, 35 % contiennent des résidus de pesticides et 6,3 % ne sont pas conformes à la réglementation, ces dépassements concernant essentiellement les poivrons, les lentilles ou encore les aubergines.

Les pesticides, qu'est-ce que c'est ?

Les pesticides, appelés également « phytosanitaires » ou « produits de traitement chimique », sont des poisons destinés à tuer les mauvaises herbes (herbicides), les insectes (insecticides), à lutter contre les maladies et moisissures (fongicides), ou à se débarrasser de divers animaux jugés nuisibles (souricides, raticides, nématicides…).

Tout cela dans le but de protéger les récoltes. En France, on compte plus de 500 matières actives entrant dans la composition de près de 2 600 produits vendus dans le commerce.

Quels sont leurs effets sur l'environnement et la santé ?

En plus de diminuer la fertilité des sols et de polluer l'eau et l'air, les pesticides contaminent la chaîne alimentaire. Ils pourraient entraîner des troubles neurologiques (maladie de Parkinson), cutanés, digestifs, oculaires, respiratoires, des céphalées et des perturbations endocriniennes (la féminisation des espèces). Les chiffres alarmants de l'augmentation de certains cancers et de la stérilité pourraient également leur être imputés. Pas de panique tout de même, il existe des solutions simples pour contourner l'effet cumulatif de ces différentes substances chimiques présentes dans notre alimentation.

Les bonnes habitudes à adopter…

- **Mangez varié.**
- **Achetez bio** – d'après les études, ça permettrait de diminuer de 5 à 10 fois l'exposition aux pesticides. C'est d'autant plus important pour les enfants dont les organes sont encore en formation, ce qui les rend plus vulnérables.
- **Pour les produits non bio**, évitez les fruits et

Consommez, dégustez, abusez des fruits et légumes…
N'oubliez pas qu'il faut impérativement continuer à manger des fruits et légumes, même traités, car leurs bénéfices pour la santé dépassent largement les inconvénients dus aux pesticides !

légumes cultivés sous serre, et ceux venus de loin et qui ont été traités après la récolte afin de se conserver plus longtemps.

- **Lavez et pelez consciencieusement** les fruits et légumes.
- **Bannissez les produits transformés** : outre les pesticides, l'industrie alimentaire ajoute parfois des arômes, des édulcorants chimiques, des additifs et des conservateurs… Fuyez-les !

Les graisses trans

On le sait tous, il y a de bonnes et de moins bonnes graisses. Depuis quelque temps, les acides gras trans sont montrés du doigt et sont même considérés aux États-Unis comme plus nocifs pour la santé que les OGM. Présents notamment dans les produits alimentaires industriels (pizzas, quiches, biscuits, viennoiseries, plats cuisinés, etc.) et dans les produits d'origine animale (produits laitiers et viandes de ruminants), ils sont utilisés comme stabilisateurs et comme conservateurs. Le principe est le suivant : de l'hydrogène est insufflé aux huiles végétales liquides afin d'augmenter la durée de conservation du produit. Cet hydrogène transforme la structure chimique des huiles, qui se chargent alors en acides gras trans – intéressant, non ?

Pourquoi les déteste-t-on tellement ?

Parce que les graisses trans feraient augmenter le mauvais cholestérol et les risques cardio-vasculaires, tout en faisant diminuer le bon cholestérol ! Bref, elles n'ont rien pour plaire…

Comment les repère-t-on ?

Tout simplement en lisant les étiquettes : les acides gras trans sont généralement décrits comme des huiles végétales hydrogénées. Lorsque vous faites vos courses, dès que vous voyez inscrite quelque part la mention « matière grasse (partiellement) hydrogénée », reposez le produit et passez votre route. En règle générale, ne mangez pas trop de friture, limitez la consommation de produits à base d'huile de palme et ne cuisinez pas la même huile plusieurs fois.

Manger bio, c'est tout bête !

Que ce soit parce qu'on a du mal à s'y retrouver parmi tous les labels ou parce que les magasins bio proposent des aliments qu'on n'a pas l'habitude de cuisiner, on se sent parfois un peu « bête » dans les rayons de sa supérette. Et puis on n'a pas envie de vider son porte-monnaie sans savoir si ça en vaut vraiment la peine. Mais saviez-vous que manger bio, ça ne coûte pas forcément plus cher ? Pour tout savoir sur l'alimentation bio, découvrez *Le Guide de l'alimentation bio* de Solveig Darrigo-Dartinet aux éditions Vigot (2008).

Les allergies

Les allergies alimentaires ont doublé en quelques années. **Près de 4 % des adultes et 6 à 8 % des enfants sont condamnés à surveiller leur assiette**. Au banc des accusés : cacahuètes ou arachides, lait, œuf, poisson de mer et crustacés; mais aussi les fruits : «stressés» de ne plus avoir le temps de mûrir sur l'arbre, ils synthétiseraient des molécules plus allergisantes; l'industrie alimentaire, quant à elle, intégrerait également dans ses recettes quantité d'allergènes (parfois cachés)...

Quelques conseils et un peu de bon sens pour préserver les enfants

- **Soyez vigilant si l'un des parents est allergique** – et encore plus si vous l'êtes tous les deux : 80 % des enfants allergiques présentent des antécédents familiaux.
- **Le diagnostic est parfois difficile**, mais si des éruptions d'urticaire, des démangeaisons ou des gonflements surviennent juste après un repas, consignez tous les aliments pris et consultez un immuno-allergologue.
- **L'éviction totale de l'aliment responsable** est la plupart du temps recommandée, lisez donc bien les étiquettes.
- **Pour votre bébé, choisissez si vous le pouvez l'allaitement**, et évitez de le soumettre à une diversification alimentaire trop précoce.
- **Privilégiez les fruits et légumes frais, bio, et de saison**.

LE BIO

Vous l'aurez compris, le bio, c'est bon ! C'est bon pour l'environnement et bon pour la santé.
Cultivés sans engrais chimiques, sans pesticides et sans OGM, les végétaux bio regorgent de vitamines et minéraux. Leur culture n'est pas «poussée» : cueillis plus mûrs, les fruits et légumes bio ont le temps de se développer tranquillement. Primo, leur goût est souvent meilleur, et secundo, ils contiennent plus de vitamines, de minéraux, et même de

polyphénols (antiradicalaires précieux pour notre système cardio-vasculaire) que les produits issus de l'agriculture traditionnelle. Les produits bio préserveraient donc la jeunesse de notre organisme et nous aideraient à mieux résister au stress. Que demander de plus ?

Les femmes enceintes et les enfants sont les premiers à devoir abuser du bio, car ils sont très vulnérables aux pesticides. Mais tout le monde peut profiter des vertus du bio, et vous aussi, messieurs, mesdames, ados, grands-parents, habitants des villes et habitants des champs, familles, célibataires… En augmentant la part d'aliments bio dans vos achats, non seulement vous vous faites du bien, mais vous participez aussi à la mise en place d'une future baisse des prix, et vous encouragez le développement d'une agriculture plus écologique. Tout le monde est gagnant !

ZOOM SUR LE COMMERCE ÉQUITABLE

L'idée est toute simple et fort louable : les produits sont achetés à un prix décent directement auprès des producteurs des pays en voie de développement, ce qui permet d'éviter les intermédiaires et donc la hausse des coûts. Café, thé, sucre, cacao, épices, artisanat… la quasi-totalité de notre consommation quotidienne peut se faire via le commerce équitable, qui garantit les droits fondamentaux des travailleurs. Il suffit de vérifier sur l'emballage qu'un label équitable reconnu, par exemple Max Havelaar, certifie que le produit provient bien du commerce équitable (voir logo n°1 page de droite).

Grâce à l'achat de produits certifiés équitables, ce sont près de 1,5 million de producteurs qui vivent mieux dans le monde. Acheter équitable est une B.A. et ne coûte pas forcément plus cher qu'acheter non équitable.

Les logos

Des logos en pagaille

En France, l'emblème officiel des aliments bio est «**AB**» (2) : il garantit que dans le produit 95 % d'ingrédients au moins sont issus de l'agriculture biologique. Pour être valable, il doit être associé sur l'emballage à la mention «Contrôlé par...» un organisme agréé (**Écocert**, **Qualité France Ulase**, **Agrocert** ou **Aclave**). Attention: les inscriptions «Produit naturel» ou «Produit fermier» ne sont pas des mentions bio autorisées. Ouvrez l'œil !

Les linéaires bio affichent de nombreux logos et il n'est pas toujours facile de s'y retrouver. Ces différents logos englobent eux-mêmes la plupart du temps d'autres définitions plus ou moins contraignantes du bio... Voici quelques labels que vous pouvez choisir en toute confiance :

- **Bio-Siegel** (3) en Allemagne, et **Biogarantie** (4) en Belgique. Ce sont des labels officiels, comme notre «AB».

Et quelques marques collectives privées qui vont plus loin que la charte bio :

- Le très ancien **Demeter** (5), allemand d'origine. Ce logo est celui de l'agriculture biologique biodynamique dont les règles de production doivent permettre l'autosuffisance de l'exploitation.
- Le français **Nature & Progrès** (6), qui inclut les aspects environnementaux, sociaux et éthiques de la production. Il garantit également des cosmétiques bio.
- **Un nouveau logo européen** (7), obligatoire, entrera en vigueur en 2010 et uniformisera enfin le flot de labels utilisés dans les différents États membres.

De bons produits cultivés à l'ancienne grâce aux AMAP

Le système des «paniers», ou AMAP (Associations pour le maintien d'une agriculture paysanne), est un partenariat de proximité entre une ferme et un groupe de consommateurs. Le principe : vous achetez au prix juste et à l'avance des fruits et légumes qui vous sont livrés chaque semaine. Vous partagez donc les risques (aléas climatiques) avec l'agriculteur, et en échange vous avez l'assurance d'avoir de bons

produits, variés, frais et de saison, cultivés localement (de façon bio ou pas). Une belle initiative qui ravit de plus en plus de citadins !
Pour connaître les associations près de chez vous et découvrir plein de recettes originales pour cuisiner vos légumes : http://alliancepec.free.fr/Webamap/.

NOTRE ALIMENTATION AU QUOTIDIEN

Tour d'horizon des différents mets qui composent notre alimentation.

Fruits et légumes

Les fruits et légumes sont la base de l'alimentation des petits et des grands. Il faut les consommer en grande quantité, de préférence bio, très frais, de saison, et produits localement.

Quelques gestes simples

- **Choisissez des fruits et légumes issus de la Communauté européenne** pour limiter la pollution liée au transport et parce que les normes européennes en matière de pesticides sont très strictes.
- **Consommez vos fruits et légumes rapidement** après leur achat afin d'éviter que les nitrates qu'ils contiennent ne se transforment en nitrites – des substances peu recommandables pour le système digestif des enfants.
- **En cas de doute concernant les pesticides,** pelez vos fruits et lavez-vous les mains après.
- **Faites une bonne provision de fraises** au mois de juin, congelez-les ou préparez-les en compote (que vous pouvez également congeler). Ainsi, vous pourrez en déguster toute l'année ! Un réflexe à adopter aussi pour d'autres fruits.
- **Pour être sûr d'acheter local**, organisez une petite balade en famille chez le producteur du coin ! Les enfants prendront l'air, ils participeront à la cueillette… C'est une bonne façon de joindre l'utile à l'agréable !

Pour mémoire : fruits et légumes de saison pour une alimentation plus écolo, sans trop de transport, plus savoureuse et moins chère

L'HIVER, LE TEMPS DES LABOURS ET DU REPOS DE LA TERRE

- Agrumes (oranges, mandarines, pomelos… origine France ou Espagne)
- Avocats
- Céleri-rave
- Cerfeuil
- Choux de Bruxelles
- Choux-fleurs
- Ciboule
- Cresson
- Endives
- Kiwis
- Laitue
- Mâche
- Navets
- Noix
- Oseille
- Pleurotes
- Poireaux
- Poires
- Pommes
- Potimarron
- Potiron
- Radis
- Rutabagas
- Topinambours

LE PRINTEMPS, LE RENOUVEAU ET L'ARRIVÉE DES PRIMEURS

- Artichauts
- Asperges
- Carottes en botte
- Champignons
- Choux-fleurs
- Endives
- Épinards
- Fèves
- Navets en botte
- Oignons blancs
- Oseille
- Persil
- Petits pois
- Pommes de terre nouvelles
- Radis
- Rhubarbe
- Salade (laitue, scarole, feuille de chêne, roquette…)

L'ÉTÉ, L'ARRIVÉE DES PREMIERS FRUITS ROUGES			
→ Abricots → Ail → Aromates → Artichauts → Aubergines → Blettes → Brocolis → Cardon → Céleri branche → Choux-fleurs	→ Concombres → Courgettes → Épinards → Fenouil → Fèves → Fruits rouges (cerises, cassis, groseilles, fraises, framboises, mûres, myrtilles…) → Haricots verts	→ Maïs → Melon → Mirabelles → Navets → Oignons rouges → Pastèques → Pêches, brugnons, nectarines → Petits pois → Poireaux	→ Poivrons → Pommes de terre nouvelles → Prunes → Radis → Reines-claudes → Salade → Tomates

L'AUTOMNE, LA RÉCOLTE DES PRODUITS QUI PASSERONT L'HIVER À L'ABRI DU FROID			
→ Blettes → Brocolis → Cardon → Champignons → Choux de Bruxelles	→ Coings → Courges → Échalotes → Fenouil → Poireaux	→ Poires → Pommes → Potimarron → Potiron → Prunes	→ Raisin → Topinambours

TOUTE L'ANNÉE			
→ Champignons de Paris	→ Betteraves → Oignons	→ Carottes → Choux	→ Céleri → Pommes de terre

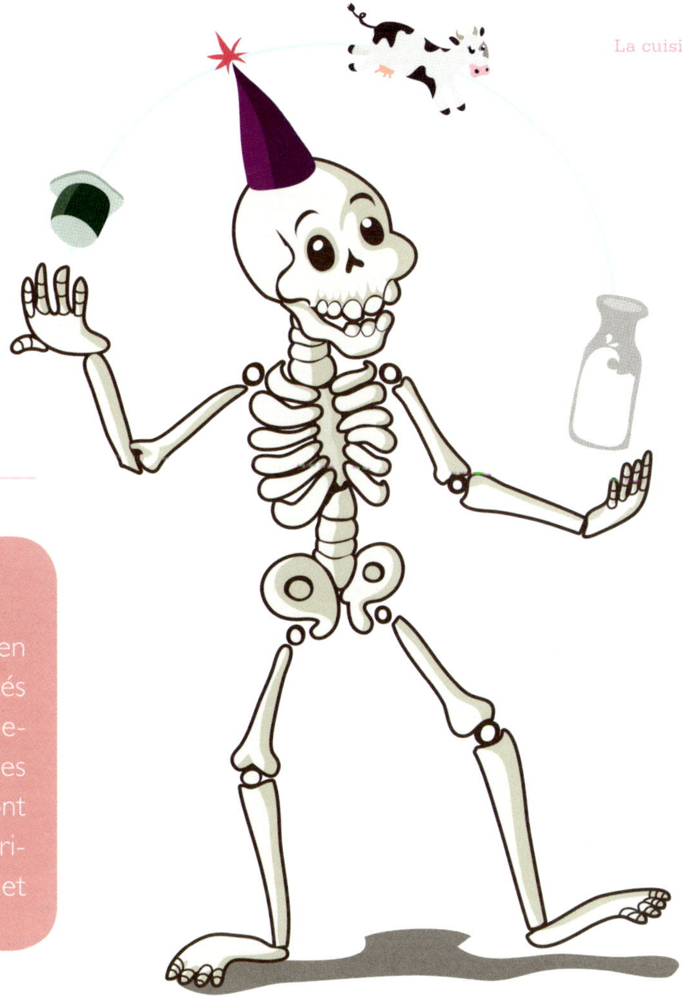

ATTENTION AUX PLATS CUISINÉS ET AUTRES ALIMENTS TRANSFORMÉS

Souvent très riches en graisses cachées, en sel et en sucre, les aliments transformés doivent être limités dans votre alimentation quotidienne. Ils sont également susceptibles de contenir plus d'additifs (arômes artificiels, colorants, exhausteurs de goût...), dont les effets sur la santé ne sont pas toujours maîtrisés. Alors, mitonnez vous-même vos petits plats et achetez bio !

Laitages et œufs

Les laitages et les œufs sont essentiels pour la santé et la croissance (de ceux qui n'y sont pas allergiques, bien sûr). Préférez les produits au lait demi-écrémé ou écrémé : ils sont plus digestes et sont moins susceptibles de contenir des acides gras trans. Vérifiez toujours l'étiquette à l'achat.

Pour plus de calcium et moins d'additifs, privilégiez les yaourts nature et les laits fermentés aux yaourts aux fruits et autres desserts lactés.

N'hésitez pas à varier les sources de lait : vache, chèvre, brebis, jument...

Pour ce qui est des œufs, choisissez en priorité des œufs bio, car il est certain qu'ils ne contiennent pas de canthaxanthine. Interdit dans l'agriculture biologique, ce colorant entraînerait des problèmes au niveau de la rétine. Et puis, choisir des œufs labellisés bio, c'est être sûr que les poules qui les produisent le font dans de bonnes conditions.

Contre le gaspillage de nourriture : une bonne action à l'italienne

La grande distribution jette des quantités colossales de nourriture encore consommable. Afin de limiter ce gaspillage, le programme Last Minute Market (LMM), initié par une faculté d'agronomie en Italie, a créé des filières de valorisation des produits invendus, et les offre pour des repas gratuits à des associations italiennes. En 2007, LMM a collecté presque 300 tonnes d'aliments dans 15 villes d'Italie, assez pour offrir 500 000 repas à 30 associations différentes ! Une belle idée, qu'on pourrait mettre en œuvre en France. Toutes les infos sur : www.lastminutemarket.org.

LIMITEZ VOTRE CONSOMMATION DE SEL ET DE SUCRE !

L'excès de sel fait de plus en plus de ravages aujourd'hui (maladies cardio-vasculaires), et il y a de plus en plus de sel caché dans les produits, notamment dans les aliments transformés. Un bon conseil : décryptez les étiquettes et ne resalez pas inutilement vos plats – goûtez donc avant de vous ruer sur la salière !

Quant au sucre, responsable de déséquilibres nutritionnels, des caries et du diabète, limitez sa consommation, et n'hésitez pas à le remplacer par du miel et/ou par du sucre intégral (non raffiné). Inutile de rappeler que l'aspartame et les autres édulcorants de synthèse sont à bannir : à fortes doses, ils pourraient être toxiques.

Les viandes

D'abord, limitez votre consommation de viande à 2 ou 3 repas par semaine, tant pour votre santé (risques d'infarctus, d'obésité…) que pour l'environnement (la production de viande est extrêmement énergivore). Ensuite, privilégiez les viandes maigres : lapin, blanc de volaille, rosbif, filet mignon… Enfin, choisissez des viandes bio – eh oui, bien sûr, car les élevages bio chouchoutent les animaux : nourris au lait maternel, puis avec des aliments bio, ils ont plus de place pour vivre et ils ont le temps de grandir et grossir naturellement (pas de gavage). Par exemple, un poulet bio vit deux fois plus longtemps que son cousin de la filière classique ! Manger de la viande bio permet d'absorber moins de mauvaises graisses et plus de bonnes graisses – vos artères et votre cœur vous en remercieront. Cela permet aussi de limiter la consommation d'antibiotiques, car en filière conventionnelle les animaux en ingurgitent fréquemment.

Les poissons

Les poissons contiennent de bonnes graisses (les fameux oméga 3) qui contribueraient à lutter contre les maladies cardio-vasculaires. Mais, et c'est un grand MAIS, à l'échelle mondiale les réserves de

Le logo MSC

poisson s'essoufflent considérablement. Si chacun d'entre nous ne fait pas un petit effort, nous assisterons bientôt à un véritable drame écologique. Il est encore temps, mais il y a urgence !

Donc bannissez la sole, le cabillaud (ou morue), le thon rouge, l'espadon, le turbot sauvage, le flétan et la raie, qui sont les espèces les plus menacées.

Évitez aussi les poissons des grands fonds comme le grenadier, l'empereur, la lingue et le sabre, car les techniques employées pour leur pêche sont très destructrices pour l'écosystème marin.

Attention aux gros prédateurs sauvages tels que thons, saumons ou marlins, qui accumulent plus de produits toxiques car ils sont au sommet de la chaîne alimentaire…

La solution : donnez la préférence au **hareng**, au **lieu noir** ou au **lieu jaune** de ligne, au **maquereau**, à la **sardine** et aux poissons d'eau douce tels que **la carpe**, **la truite**, **le sandre** ou **la perche** (à ne pas confondre avec la perche du Nil, qui n'a rien à voir). Guettez le label **MSC** (Marine Stewardship Council) qui identifie les produits issus de pêche durable. Quant aux poissons d'élevage, privilégiez un label bio ou le Label Rouge, et préférez les poissons herbivores : pour nourrir 1 kilo de poissons d'élevage carnivores, il faut 4 à 6 kg de poissons sauvages sous forme de farine… Ça fait réfléchir !

Les boissons

Boire de l'eau est un besoin vital et l'eau potable est une ressource très précieuse. Il faut vraiment la préserver. Sauf cas exceptionnels, l'eau du robinet est parfaitement potable et bien contrôlée en France.

Pourquoi ne pas en boire au quotidien et ainsi éviter de gaspiller quantité de bouteilles en plastique, sans parler de dépenser plus d'argent? Si vous n'êtes pas certain de la qualité de votre eau, faites seulement vérifier par un laboratoire agréé par le ministère de la Santé que les canalisations de votre immeuble ne sont pas en plomb, un métal toxique pour le système nerveux et qui contaminerait l'eau.

Si chez vous l'eau du robinet sent le chlore, voici 4 astuces pour y remédier :

- **Remplissez une carafe** et attendez que le chlore s'évapore.
- **Ajoutez quelques gouttes de citron**.
- **Placez un filtre sur votre robinet**.
- **Investissez dans une carafe filtrante** que vous placerez au réfrigérateur.

Et, pour transporter l'eau en balade, **munissez-vous d'une jolie gourde**, c'est tellement plus classe qu'une banale (et polluante) bouteille en plastique !

À bas les biberons en plastique !

Si vous n'allaitez pas, choisissez des biberons en polypropylène (logo PP) ou, bien mieux, en verre. Je sais, le verre n'est pas toujours pratique, mais le polycarbonate (bisphénol A) de certaines bouteilles en plastique pourrait contaminer le liquide (surtout quand on le chauffe au micro-ondes) et nuire à la santé du bébé. En tant que perturbateur hormonal, le bisphénol A est très toxique. Pour reconnaître les plastiques nocifs, guettez sur l'étiquette la mention « PC » ou le triangle de recyclage numéro 7, et évitez-les.

ZOOM SUR LES USTENSILES

Pour mitonner vos plats en toute sécurité, choisissez bien vos ustensiles, car leurs matériaux peuvent migrer vers les aliments. Pensez au Pyrex, qui est sans danger et souvent bon marché, et, pour les récipients en métal, vérifiez bien qu'ils portent la mention NF. D'une façon générale, évitez l'étain. Attention aussi aux revêtements antiadhésifs comme le Téflon, dont la fumée peut être toxique. Remplacez votre batterie de cuisine quand les récipients sont détériorés et ne remuez pas vos aliments dans les poêles et casseroles avec des cuillères ou fourchettes métalliques.

Trucs et astuces :

- Pour faire briller le laiton, frottez-le avec un peu d'**huile d'olive** sur un chiffon doux.
- Pour nettoyer l'inox, frottez-le avec un mélange de **bicarbonate de sodium** et de **vinaigre blanc**, puis rincez et séchez.
- Pour faire reluire le cuivre, frottez-le avec du **citron**.

NOURRIR SON BÉBÉ

L'allaitement a le vent en poupe, et c'est tant mieux pour celles qui le peuvent – et le veulent, bien sûr. C'est un geste écologique, économique et très pratique. Mais, surtout et avant tout, l'allaitement est bénéfique à la santé du nourrisson et aussi à celle de la mère. On sait que, via l'allaitement, la mère transmet à son bébé des anticorps et des nutriments importants, et que les enfants nourris au sein développeraient moins de réactions allergiques que les autres. Des études affirment aussi qu'allaiter protégerait les mères du cancer du sein.

L'allaitement, une solution écolo et économique

Outre qu'il permet d'éviter les achats de lait maternisé et de biberons, l'allaitement ne nécessite pas non plus l'utilisation du micro-ondes, du stérilisateur ni du lave-vaisselle pour chauffer et laver les biberons. Il génère également moins de déchets

La vaisselle des tout-petits

Ah ! qu'ils sont mignons ces petits verres, ces assiettes creuses et ces minuscules couverts colorés et décorés de toutes sortes d'animaux et de personnages enfantins ! Attention : incassables, ils sont la plupart du temps en plastique mélaminé. Or ce matériau pourrait libérer du formaldéhyde (en quantité infime, mais quand même). Dans le doute, évitez d'utiliser ce type de vaisselle pour vos petits.

(boîtes de lait, tétines...), et il n'y a aucun matériel à transporter lorsque la maman sort avec son bébé.
Pour être plus libres, les mamans peuvent louer (plutôt qu'acheter, c'est plus écolo) un tire-lait à la pharmacie (sur ordonnance, la location est remboursée par la Sécurité sociale) et congeler leur lait. Le papa s'occupera du reste.

Au moment de la **diversification alimentaire**, proposez à votre trésor des aliments simples, en petites quantités (pour éviter le gaspillage), et évidemment plutôt des fruits et légumes bio de saison. Si vous n'avez pas le temps de cuisiner, préférez les plats préparés bio aux petits pots traditionnels, ou, mieux encore, préparez une fois dans la semaine de nombreuses compotes et purées que vous congèlerez et étiquetterez. Vous verrez, les dimanches de pluie, c'est très amusant de mitonner des petits pots de couleur... Que ne feriez-vous pas pour vos bouts de chou ?

À BAS LES EMBALLAGES ET LES DÉCHETS !

Plus de 350 kilos de déchets par an et par Français, tel est le triste score de notre production, qui aurait augmenté de plus de 10 % en dix ans ! Accusé n° 1 : les emballages. Alors, faites tout pour en limiter la consommation en appliquant ces quelques règles simplissimes :

- **Privilégiez les produits frais**, et faites vos courses en fonction de la consommation journalière.
- Pour les produits que vous achetez régulièrement (lessive, produits de toilette et d'entretien), adoptez **les produits les plus concentrés** ou **en vrac**.
- **Préférez les emballages naturels biodégradables** (papier, carton) ou **recyclables** (ils portent le logo n°1 p. 70).
- Gardez à l'esprit que le champion des matériaux recyclables, c'est **le verre**. À choisir donc en priorité sur le plastique (et à recycler ensuite, bien entendu !).

Trucs et astuces pour produire moins de déchets

ON ÉVITE	ON CHOISIT
Les infusettes à thé et filtres à café	→ Le thé en vrac (ou à faire soi-même !) et la cafetière sans filtre jetable et sans capsules
Le papier absorbant	→ Le torchon
Les chiffons jetables	→ Les chiffons en coton bio ou découpés dans du vieux linge récupéré
Les sacs en plastique jetables	→ Les sacs en toile, paniers, filets, cabas, sacs à dos
Les sacs-poubelle classiques	→ Les sacs-poubelle en plastique recyclé
La vaisselle en plastique ou en carton	→ Les assiettes en céramique, ou encore en plastique, mais réutilisable (Tupperware…), couverts en bois
Les serviettes en papier	→ Les serviettes en tissu (tellement plus élégantes, en plus !)
Les couches jetables (blanchies)	→ Les couches en tissu (pour les plus courageux !)
Les lingettes pour bébé	→ Le gant de toilette humide et la serviette pour sécher
Les mouchoirs en papier jetables	→ Les mouchoirs biodégradables, non blanchis, ou encore les jolis mouchoirs en tissu brodé par nos grand-mères
Les collants en nylon	→ Les collants en coton bio
Les rasoirs jetables	→ Les rasoirs à lames interchangeables
Les stylos-bille	→ Les stylos à encre rechargeables
Les piles	→ Les piles rechargeables, ou, mieux, le courant électrique

Tri sélectif et logos

1 2 3

■ **Évitez le plus possible les emballages en plastique**, surtout ceux en PVC (chlorure de polyvinyle).

■ Lorsque vous faites vos courses, **pensez à apporter vos sacs**, ce qui vous évitera d'acheter des sacs en plastique jetables. Et, au pire, en cas d'oubli, réutilisez les sacs plastique comme sacs-poubelle.

■ **Réhabilitez les gourdes et les jolies boîtes à gâteaux**, comme au bon vieux temps…

■ **Pensez au tri sélectif** (séparation des emballages, du verre, du papier, etc.).

TRI SÉLECTIF ET LOGOS

■ **Le ruban de Möbius** (1), qui peut être blanc sur fond de couleur ou noir sur fond clair, signifie que le produit est recyclable ou qu'il est composé de matériaux recyclés. Il faut ensuite le trier de façon adéquate…

■ **Le Point Vert** (2), porté par 90 % des emballages, signifie seulement que le producteur de l'emballage cotise à une entreprise de recyclage ou de valorisation des déchets. Mais ce logo ne garantit en aucun cas que l'emballage sera recyclé… Ce n'est donc pas du tout un logo « écolo ». Attention à la confusion !

■ Ce logo (3), qui signifie « **Dangereux pour l'environnement** », est à proscrire absolument, tout comme les autres logos affichant un dessin noir sur un carré orange et qui signifient par exemple « Irritant » (la croix noire), « Toxique » (la tête de mort), etc.

UNE VRAIE BÊTE NOIRE : L'ALUMINIUM

Métal toxique, notamment pour les reins et le système nerveux, il pourrait avoir un lien avec les maladies d'Alzheimer et de Parkinson. En outre, son utilisation massive au quotidien dans les foyers a un impact environnemental considérable. Bannissez l'aluminium ! Pour emballer et conserver vos aliments, utilisez des boîtes type Tupperware (certes, elles sont en plastique, mais elles sont réutilisables), ou placez vos restes dans un bol en céramique avec une assiette par-dessus. Par ailleurs, pour vos poissons en papillote, utilisez du papier sulfurisé, et le tour est joué !

LA FÉE DU LOGIS ÉCOLO

L'ÉQUIPEMENT ÉLECTROMÉNAGER

Le choix des appareils électroménagers est déterminant pour adopter un bon comportement écolo. Lorsque vous choisissez un équipement, vérifiez sur Internet s'il fait partie du classement « Topten » élaboré par le WWF et l'association CLCV : www.wwf.fr/s-informer/dossier/topten ou www.guide-topten.com. Il s'agit d'un comparateur d'achat fiable, qui permet de connaître les produits ayant le plus faible impact écologique. Pratique, non ?

De manière générale, privilégiez un appareil ayant **une étiquette énergie verte** A, A+, voire A++ (le top en matière de consommation énergétique réduite), la pire étant l'étiquette rouge, G, à bannir, bien évidemment.

Assurez-vous aussi qu'un écolabel figure sur l'appareil ; il garantit une fabrication, un usage et une fin de vie plus respectueux de l'environnement.

Enfin, si vous devez changer d'équipement (pas trop souvent, quand même, ce ne serait pas écolo !), exigez du revendeur qu'il reprenne gratuitement l'ancien produit. Il en a l'obligation !

LE NETTOYAGE

Inutile de vous dire pourquoi il est important d'avoir un intérieur sain et propre… ça coule de source ! Les polluants extérieurs, produits chimiques ou microbes, doivent être chassés régulièrement de votre maison, notamment pour éviter le développement d'allergies. Le hic : les produits d'entretien courants sont souvent aussi toxiques pour la planète que pour la santé…

Fiez-vous donc à votre bon sens et à quelques trucs et astuces qui ont fait leurs preuves.

Le premier réflexe, c'est de bien s'essuyer les pieds sur le paillasson ou, mieux, d'enlever ses chaussures et de se laver les mains en rentrant chez soi. Pensez à bien aérer votre maison pour qu'elle respire et que l'air se renouvelle, surtout quand vous entreprenez un grand

Les lingettes, une trouvaille marketing perfide

Toxiques pour l'environnement, les lingettes sont imprégnées de doses de produit d'entretien beaucoup plus importantes que nécessaire, elles valent bien plus cher que leur équivalent en flacon (on parle de 15 fois plus), elles génèrent plus de déchets et elles ne sont pas recyclables. Vraiment rien pour plaire ! Les alternatives ? Pour nettoyer toute la maison, un bon chiffon en microfibre que l'on mouille légèrement de vinaigre blanc, dilué ou pur, ou encore le trio classique qui fait ses preuves depuis toujours : balai-éponge-serpillière.

ménage. Enfin, limitez la consommation de détergents (en particulier les aérosols) : recherchez les écolabels en vous méfiant des labels autoproclamés «Vert» ou «Naturel», qui ne garantissent rien du tout, et portez des gants pour manipuler les produits d'entretien.

Les recettes écolo pour un intérieur propre et net

- Rien ne vaut une bonne **serpillière en microfibre** pour réduire l'utilisation de produits d'entretien.
- **Pour un bionettoyant maison multi-usages**, faites fondre un pain de savon de Marseille à feu très doux dans 4 litres d'eau et, hors du feu, ajoutez le jus d'un citron, un verre de vinaigre blanc et un flacon d'huile essentielle d'eucalyptus. Mélangez le tout et briquez !
- **Le bicarbonate de sodium**, produit miracle qu'il faut toujours avoir chez soi – comme **le vinaigre blanc**, d'ailleurs, remplace allègrement les produits à récurer et permet de désodoriser. Il est également parfait pour décaper les fours et nettoyer tapis et moquettes.
- **Pour laver les vitres**, mélangez 2 cuillères à café de vinaigre blanc à 1 litre d'eau, ou utilisez du papier journal mouillé et froissé en boule. Dans tous les cas, évitez les produits nettoyants contenant de l'isopropanol, de l'ammoniac ou des éthers de glycol, qui sont des agents très irritants, voire cancérogènes.
- **Pour nettoyer votre micro-ondes**, faites-y chauffer un bol d'eau citronnée et hop, ramassez les saletés avec une éponge mouillée.

COMBATTEZ LES MOISISSURES

Primo, vérifiez votre isolation et votre ventilation, aérez régulièrement, car une maison qui respire mal développe des moisissures, c'est bien connu. Or les moisissures peuvent provoquer des difficultés respiratoires et des maux de tête. Secundo, pour lutter contre l'humidité, dépoussiérez bien les murs humides et mettez sur une vieille brosse à dents un mélange de liquide vaisselle bio et de vinaigre blanc (toujours lui !), puis grattouillez les moisissures pour les faire disparaître. N'achetez jamais de produits antimoisissures, car leurs fongicides sont très toxiques.

Pour lutter contre les insectes

Sur vos balcons et fenêtres, mettez des géraniums, de la mélisse ou de la citronnelle, et adieu mouches et moustiques. Contre les cafards et autres rampants, installez des pièges à base de borax (à utiliser cependant avec précaution) et de sucre.

DÉPOUSSIÉRER, DÉTACHER, DÉSINFECTER, DÉBOUCHER, DÉTARTRER SONT LES 5 D DE L'AS DE LA PROPRETÉ BIO

Dépoussiérez…

… **grâce à un balai en bois** (labellisé FSC) et **un chiffon humide en microfibre**. Évitez les produits antistatiques, qui peuvent émettre des COV, et utilisez un aspirateur sans sac ou avec sac réutilisable, ou, mieux encore, avec coque en fibres naturelles, qui nettoie, dégraisse et désinfecte à la vapeur, donc sans produit chimique !

… **les saletés sur les tapis** grâce à une petite recette bien pratique : 1 cuillère à café de liquide vaisselle bio, 6 cl de vinaigre d'alcool blanc, 25 cl d'eau chaude et quelques gouttes d'huile essentielle de lavande.

Détachez…

… **les traces de doigts** sur les papiers peints avec de la mie de pain.

… **les vieux chewing-gums collés** en frottant dessus un glaçon jusqu'à ce qu'ils durcissent, puis raclez-les à l'aide d'un couteau.

… **les taches de graisse** avec de la craie ou du gros sel avant de laver.

Désinfectez…

… **en évitant l'eau de Javel**, qui pollue l'eau et sent mauvais. Utilisez plutôt **du vinaigre blanc**, très économique et qui fait des merveilles sur toutes les surfaces, ou **du citron**, reconnu pour ses vertus bactéricides, ou encore du **bicarbonate de sodium**, ultrapratique et multi-usage (il permet de récurer les éviers, de désodoriser les réfrigérateurs, de désinfecter les litières des minous…). Chaque fois,

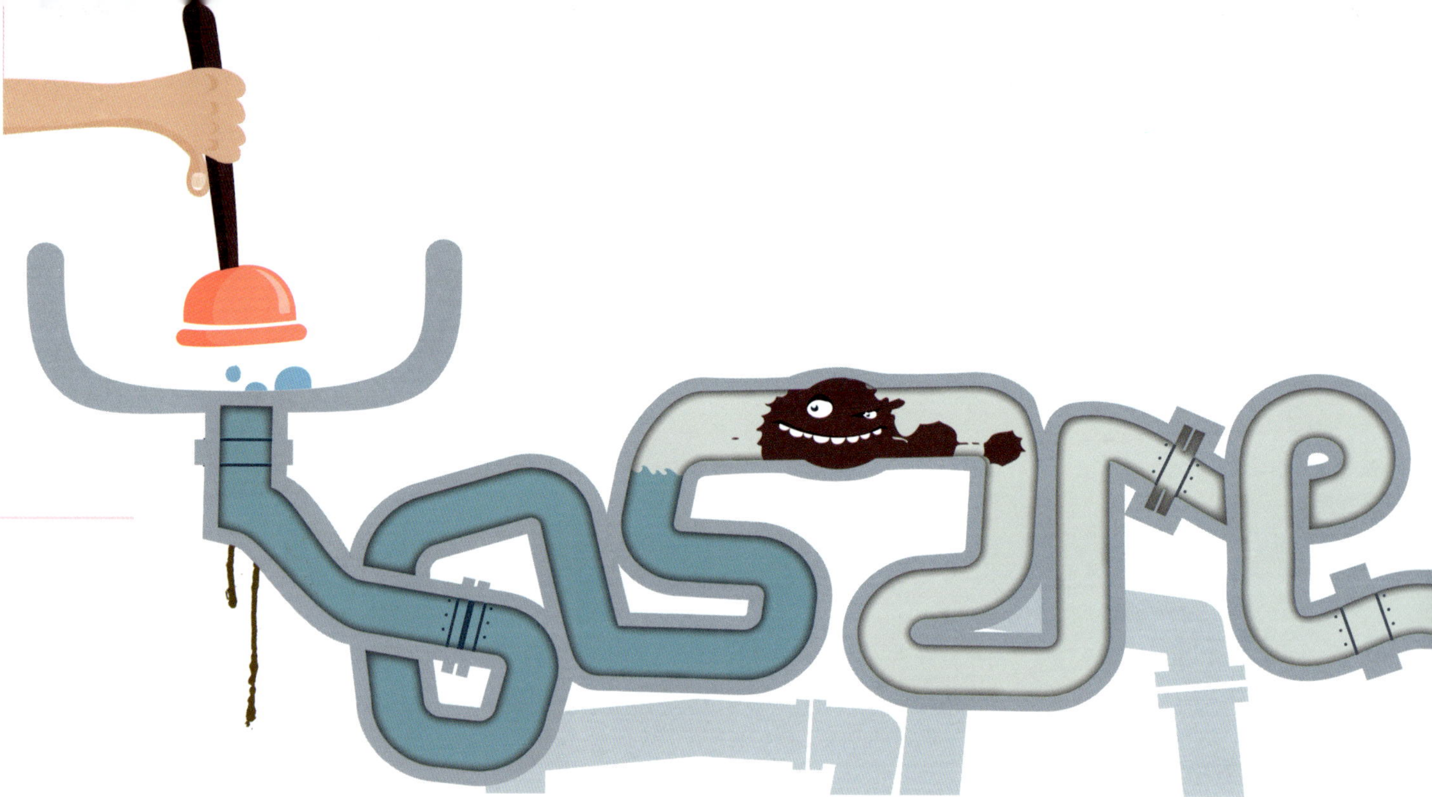

vous pouvez ajouter quelques gouttes de votre huile essentielle préférée pour donner à votre ménage de délicates senteurs.

Débouchez…

… **à l'aide d'une ventouse**, bien sûr, et en évitant les déboucheurs chimiques classiques, très toxiques pour la peau, les yeux et les poumons. Autre astuce : laissez agir pendant 15 minutes un mélange de bicarbonate de sodium, de gros sel et de vinaigre d'alcool blanc, puis versez de l'eau bouillante dessus et, hop, la canalisation est débouchée !

Détartrez…

… **au vinaigre blanc**, pardi ! Il est efficace partout, y compris dans les bouilloires.

… **au jus de citron** pour l'inox.

… **au bicarbonate de sodium** pour la porcelaine et l'émail.

TRUCS ET ASTUCES DE GRAND-MÈRE POUR QUE ÇA BRILLE

Pour lustrer les meubles en bois et le marbre, utilisez de l'huile de lin. Pour faire reluire les cuivres, utilisez du vinaigre blanc ou du citron, et pour faire briller le laiton, pensez à l'huile d'olive.

Si, après tous ces bons conseils, vous ne courez pas acheter du vinaigre blanc et du bicarbonate de sodium, c'est à désespérer !

10 gestes écolo tout simples…

1. Pour faire les courses, servez-vous d'un caddie ou d'un filet (que vous pouvez toujours avoir au fond de votre sac à main). Ce n'est pas très sexy, mais ça évite d'acheter des sacs plastique jetables qui polluent.

2. Évitez la surenchère des emballages en privilégiant l'achat de produits concentrés ou en vrac.

3. Achetez des fruits et légumes de saison, de préférence bio. Ils sont plus savoureux et leur production nécessite moins d'énergie.

4. Pour faire bouillir de l'eau, placez un couvercle sur la casserole. Plus concentrée, la chaleur permet une cuisson et une ébullition plus rapides. Gain de temps et économie d'énergie assurés !

5. Ne mettez en marche le lave-vaisselle (idem pour le lave-linge) que lorsqu'il est plein. La fonction prélavage n'est nécessaire que quand la vaisselle est vraiment très sale.

et qui changent la vie

6. Pour une vaisselle à la main écolo, ne laissez pas couler l'eau : bouchez bien l'évier et utilisez deux bacs (un pour le lavage et un pour le rinçage), commencez par le moins sale et finissez par le plus sale, en utilisant très peu de liquide vaisselle (bio).

7. Au moment d'acheter un réfrigérateur ou tout autre appareil électroménager, choisissez une classe énergétique A, peu gourmande en énergie.

8. Bannissez les lingettes, quelles qu'elles soient (antistatiques, nettoyantes, pour les fesses de bébé, etc.) ! Elles sont chères, génèrent beaucoup de déchets et ne sont pas recyclables.

9. D'une façon générale, ayez aussi peu recours que possible aux produits ménagers, veillez à ne pas accroître indûment les doses (celles recommandées par les fabricants sont les doses optimales), et évitez au maximum les produits nettoyants sous forme d'aérosol, plus toxiques pour la santé et pas facilement recyclables.

10. Quand vous avez le choix entre une action mécanique ou une action chimique (par exemple, pour déboucher un évier), privilégiez toujours le geste mécanique (ventouse, furet, démontage du siphon…).

CHAPITRE 4

La salle de bains

C'est dans la salle de bains qu'on soigne les bobos de toute la famille, c'est là qu'on trouve refuge pour prendre soin de sa petite personne, c'est là qu'on se pomponne, qu'on se fait du bien. Mais c'est aussi un lieu où résident des produits chimiques en tout genre (médicaments, produits d'hygiène et de beauté, etc.) et où s'opère un gaspillage d'eau effarant. La salle de bains, une toute petite pièce au cœur de l'environnement...

L'EAU DANS TOUS SES ÉTATS

UNE CONSOMMATION EXCESSIVE

L'eau est à la source de toute vie et nous en sommes archidépendants. Elle circule dans notre corps et sur la Terre en un cycle ininterrompu. Irremplaçable et garante de notre hygiène, l'eau est au cœur de notre vie quotidienne.

La consommation d'eau s'est multipliée par 6 au cours du XXe siècle, alors que la population mondiale ne s'est multipliée que par 3 ! L'accès à l'eau potable est un enjeu majeur et vital dans le monde d'aujourd'hui. **En France, à peine 1 % de l'eau potable seulement est bue**...

Estimation moyenne de la répartition de notre consommation d'eau

BAIN ET DOUCHE	42 %
LAVE-VAISSELLE ET LAVE-LINGE	30 %
TOILETTE	20 %
ALIMENTATION ET AUTRES	8 %

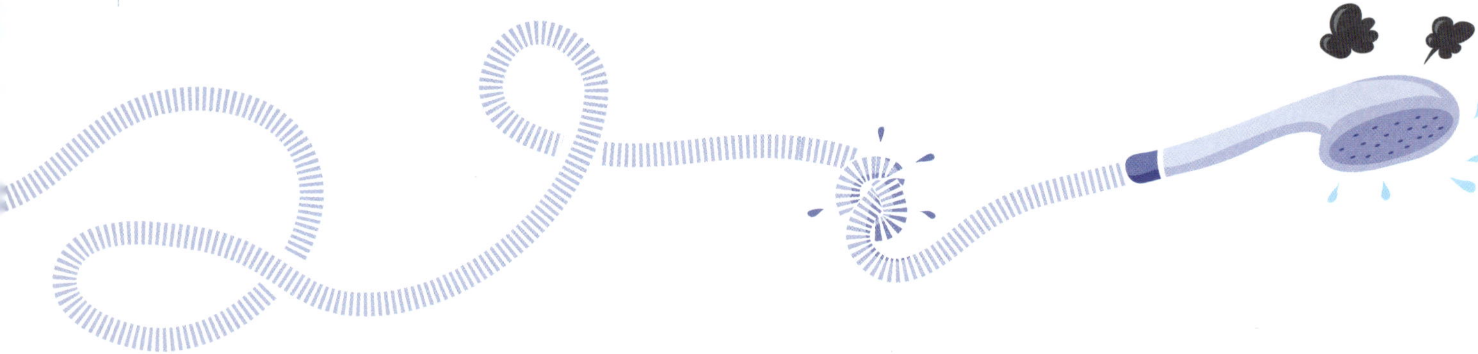

En moyenne, **un Français consomme 150 à 200 litres d'eau par jour**, soit l'équivalent d'une baignoire bien remplie. C'est énorme ! Plus de 90 % de cette eau sert à l'hygiène et au nettoyage, le reste est utilisé pour l'alimentation. Les W-C, la toilette quotidienne et le lavage du linge sont les activités les plus consommatrices d'eau ; c'est donc sur ces points qu'il faut concentrer nos efforts en priorité.

UNE RESSOURCE VITALE À PRÉSERVER

Veiller à ne pas gaspiller trop d'eau, c'est ménager nos nappes phréatiques, et faire de vraies économies.

Il existe de nombreux moyens simples d'économiser cette eau si précieuse :

- Prendre **une douche** plutôt qu'un bain (pas trop longue quand même, et en coupant l'eau pendant qu'on se savonne) est le bon réflexe écolo à adopter au quotidien. Eh oui, une douche consomme 3 fois moins d'eau qu'un grand bain.
- Si vous n'avez pas de mélangeur dans votre douche, installez **un stop-douche** que vous fixerez entre le robinet et le flexible : une pression, et l'eau s'arrêtera pendant que vous vous savonnerez ; une seconde pression, l'eau rejaillira à la même température !
- **Privilégiez les robinets mitigeurs**, qui permettent d'économiser 10 % d'eau par rapport aux mélangeurs classiques. Plus efficaces et plus confortables encore, **les thermostatiques**, qui offrent jusqu'à 30 % d'économies.
- **Pensez au mitigeur avec réducteur de pression** ou à la pomme de douche à débit réduit, qui permet de garder un jet assez puissant tout en économisant quelques litres d'eau.
- Gardez à l'esprit que **ne pas gaspiller trop d'eau chaude**, c'est non seulement économiser l'eau, mais aussi l'énergie nécessaire au chauffage et, enfin, quelques centimes d'euro chaque fois... Trois bonnes raisons de faire attention !
- Un cinquième de notre consommation d'eau quotidienne part dans les toilettes ! Alors, n'hésitez

Pour les purs et durs, des toilettes sèches !

Si vous vivez dans une maison et que la préservation de l'eau fait partie de vos priorités, vous pouvez installer des toilettes sèches ou à litière biomaîtrisée. Elles permettent de se passer totalement d'eau. Le principe est simple : il s'agit d'un bac rempli de sciure et/ou copeaux de bois ou de végétaux broyés qui évitent les odeurs – si, si ! On vide régulièrement ce bac dans un compost qui deviendra, par la suite, un engrais naturel excellent pour le jardin ! Pour fabriquer votre compost, rendez-vous au chapitre 6, page 125.

pas, **installez une chasse d'eau à double débit**, bien plus économe qu'une chasse d'eau classique.

- Pour laver une petite quantité de linge, pensez à utiliser **le programme demi-charge**.
- **Ne négligez jamais une fuite d'eau**. Pour la repérer, c'est simple : relevez le compteur d'eau avant d'aller vous coucher, et assurez-vous, sitôt levé et avant d'ouvrir le moindre robinet, qu'il n'a pas tourné. Si les chiffres ne sont pas les mêmes que la veille au soir, c'est qu'il y a un problème. En cas de fuite, il faut intervenir très rapidement, car c'est le gaspillage assuré d'une immense quantité d'eau qui peut représenter jusqu'à 20 % de votre facture.
- **Pourquoi ne pas récupérer l'eau de pluie grâce à un collecteur sous les gouttières ?** Non calcaire, l'eau de pluie augmenterait le pouvoir lavant des lessives, rendrait inutile l'utilisation d'adoucissants et userait moins le lave-linge. Pour cela, faites appel à un professionnel qui organisera l'installation. Il s'agit d'équiper le collecteur d'eau avec une pompe qui renvoie l'eau dans les circuits de la maison.

UNE NOUVEAUTÉ NIPPONE : DES TOILETTES CHAUFFANTES MAIS ÉCOLO !

Un des géants de l'électroménager et de l'électronique japonais a présenté, l'été 2008, des toilettes à jet d'eau et siège chauffant à propos desquelles il affirme qu'elles sont les moins énergivores du monde. Ces nouveaux cabinets d'aisance n'engloutiraient que 77 kW/h par an. Perçues comme plus hygiéniques et plus confortables, les toilettes électroniques sont très prisées des Japonais. Cela dit, les toilettes classiques ne consomment pas du tout d'énergie électrique, même si elles consomment beaucoup d'eau… Affaire à suivre, donc…

Ne jetez jamais vos médicaments !
Les déchets issus des médicaments représentent des milliers de tonnes chaque année, et des chercheurs auraient trouvé des traces de médicaments dans l'eau potable de certaines villes... Pour éviter cette pollution chimique, rapportez les médicaments non utilisés, périmés ou non, ainsi que les emballages à votre pharmacien. Vous ferez un geste pour l'environnement, et ça évitera que vos enfants en ingèrent par accident...

LES SOINS

LES MÉDICAMENTS

Une bonne hygiène de vie est un acte écolo, car moins on tombe malade, moins on consomme de médicaments. Or la fabrication des médicaments ainsi que leur élimination posent des problèmes environnementaux. Il faut savoir en outre que la France bat de tristes records en matière de surconsommation de médicaments, notamment en ce qui concerne les psychotropes et les traitements destinés aux maladies cardio-vasculaires...

Sans remettre en cause les vertus de la médecine allopathique ni les fantastiques progrès qu'ont permis les antibiotiques, il convient de veiller à ne pas se précipiter sur les médicaments à tort et à travers. La surconsommation médicamenteuse est en effet néfaste pour la santé et la planète.

ATTENTION AU THERMOMÈTRE À MERCURE
Depuis une dizaine d'années, ces thermomètres sont interdits à la vente en France, car le mercure peut être extrêmement toxique. Si par hasard vous avez encore un vieux thermomètre à mercure (dans le placard de la maison de vacances de vos grands-parents par exemple), ne le jetez surtout pas : courez le rapporter à votre pharmacien.

Quelques conseils et un peu de bon sens pour en consommer moins :

- **Faites confiance à votre médecin**. C'est lui qui saura s'il est nécessaire ou non de recourir à un traitement.
- **Bannissez l'automédication**.
- **Enceinte ou en période d'allaitement, ne prenez jamais un médicament** sans demander l'avis du médecin.
- **Évitez de prendre le même médicament que quelqu'un d'autre** sous prétexte que les symptômes sont similaires.

- **Respectez scrupuleusement la durée et les doses** du traitement prescrit.
- **N'oubliez jamais que les antibiotiques sont inefficaces sur les virus.** Ils n'agissent que sur les bactéries, et encore, ils ne sont pas toujours indispensables.

GÉRER LES INSOMNIES DE FAÇON NATURELLE…

Pour retrouver un sommeil paisible sans recourir aux médicaments, suivez le guide :

- Durant les quelques heures qui précèdent le coucher, **lisez un livre relaxant, prenez un bain chaud** (même si ce n'est pas très écolo…) **aux sels d'Epsom**, qui détendent les muscles et apaisent le système nerveux, ou **écoutez de la musique douce**.
- **Couchez-vous à heure fixe** (même le week-end), et faites en sorte que votre chambre soit aussi calme et obscure que possible.
- **Laissez entrer un peu d'air frais par une fenêtre entrouverte**… et le sommeil va arriver.

LES MÉDECINES DOUCES

Pour éviter de tomber malade, et donc de recourir aux médicaments, « mieux vaut prévenir que guérir » : manger de façon équilibrée et variée, bouger régulièrement en pratiquant un sport, bannir le tabac, limiter l'alcool et bien dormir la nuit sont les cinq piliers d'une vie saine.

Si vous avez quelques soucis ou bobos qui ne nécessitent pas la prise de médicaments classiques, pensez **aux médecines naturelles**, bien plus écolo. Vous avez l'embarras du choix : acupuncture, homéopathie, naturopathie, médecine ayurvédique, massage, ostéopathie, phytothérapie, aromathérapie… Toutes ces méthodes douces associent esprit et corps, et ne contredisent pas la médecine allopathique. Parlez-en au préalable à votre médecin traditionnel.

Trucs et astuces naturels contre les désagréments ponctuels

- **Pour soulager une céphalée de tension**, vous pouvez vous masser les tempes avec quelques gouttes d'huile essentielle de lavande.
- Un peu d'huile essentielle d'eucalyptus ou de pin, en diffusion dans l'air ou à respirer sur un mouchoir, est efficace **pour dégager les voies respiratoires**...
- **Pour être de bonne humeur**, respirez un délicieux cocktail à base d'huiles essentielles d'orange, de verveine exotique et de bois de rose.
- Pensez à l'huile essentielle d'arbre à thé (*tea tree*) comme **antiseptique et cicatrisant**, ou **contre les piqûres d'insectes**.
- **Contre la migraine** : du gingembre. Buvez $^1/_3$ de cuillère à café de gingembre en poudre dilué dans un verre d'eau.

L'HYGIÈNE ÉCOLO DES BÉBÉS ET JEUNES ENFANTS

La couche et la planète : deux ennemies qui ne font pas bon ménage...

Chaque enfant, entre sa naissance et l'acquisition de la propreté (à 2 ans et demi environ), utilise 4 000 à 5 000 couches ! Rien de nocif pour sa santé, certes, mais imaginez ce que cela représente pour l'environnement et pour le porte-monnaie... Ne levez pas les yeux au ciel ! Aujourd'hui, les couches lavables sont aussi pratiques que les jetables et n'ont plus rien à voir avec les bouts de tissu et les épingles de sûreté qu'utilisaient nos aïeules ! En coton bio, en bambou ou en chanvre, on les ferme avec des bandes velcro, elles sont entièrement biodégradables, se lavent en machine et peuvent même servir pour le deuxième enfant. Que d'économies en perspective !

Pour nettoyer les petites fesses de bébé, sachez qu'un peu d'eau tiède que vous sècherez bien ensuite

Le meilleur moyen de lutter contre les poux, c'est de ne pas en attraper !

Quelques conseils pour prévenir l'invasion : 2 gouttes d'huile essentielle de lavande derrière les oreilles et sur la nuque tous les matins, attachez les cheveux des petites filles (nattes, barrettes, queue-de-cheval…) et apprenez à vos enfants à ne pas échanger leurs bonnets, écharpes et casquettes avec les copains (les poux ne volent pas, il faut un contact direct).

---

reste la meilleure solution. Le linge mouillé n'agresse pas la peau fragile du nouveau-né (contrairement à certains produits vendus dans le commerce) et évite toute allergie ; en outre, vous apprécierez son côté éminemment pratique et économique ! Pour encore plus de propreté, vous pouvez acheter en pharmacie du liniment oléocalcaire, un produit miracle et facile à appliquer avec un morceau de coton bio. Très agréable, il évite les érythèmes.

PETITE PIQÛRE DE RAPPEL…

Que ce soit pour la moustache au chocolat ou les mains pleines de poussière, ou encore pour le change quotidien, proscrivez les lingettes, qui sont une aberration écologique, bourrées de produits chimiques… et si chères !

Le combat contre les poux

Ça y est, votre petite princesse a enfin réussi à passer les portes de son école sans larmes ! Le grand chamboulement de la rentrée à la maternelle semble derrière vous, et tout le monde souffle. Mais c'était sans compter avec l'invasion des petites bêtes qui viennent grattouiller la tête de toute la famille à peine un mois après la rentrée…

Sachez-le tout de suite : inutile de laver et relaver les cheveux de toutes les têtes avec des shampooings et lotions antipoux (pleins d'insecticides nocifs pour l'environnement et la santé), car ces insectes, très coriaces, réussissent le plus souvent à y résister. L'idéal est donc de vous munir d'un peigne spécial (métallique et aux dents très serrées), que vous achèterez en pharmacie. Mouillez et huilez les cheveux, puis armez-vous de patience et ôtez lentes et poux avec minutie, jusqu'à éradication totale…

En cas de nécessité ou si vous souhaitez associer à l'épouillage une lotion et un shampooing antipoux, achetez des produits biologiques dans les magasins spécialisés.

Recettes maison pour un shampooing et un rinçage antipoux

Le shampooing

Mélangez **3 gouttes** (pas plus, et toujours à diluer comme indiqué ci-après) d'**huile essentielle de thym** avec **une cuillère à soupe d'un shampooing contenant du margousier**. Faites mousser et laissez poser 5 minutes, puis rincez à l'eau chaude. Effectuez le rinçage antipoux décrit ci-dessous pour plus d'efficacité.

Le rinçage

Mélangez **50 cl d'eau chaude**, **50 cl de vinaigre de cidre**, **6 gouttes d'huile essentielle de romarin** et **6 gouttes d'huile essentielle de lavande**. Rincez les cheveux et le cuir chevelu avec cette préparation, mettez un bonnet de douche pendant 15 minutes, peignez avec le peigne spécial poux et rincez à fond à l'eau chaude (attention tout de même à la température !).

LE BIEN-ÊTRE ET L'HYGIÈNE AU QUOTIDIEN

BIEN CHOISIR SES PRODUITS

Entre l'envie de respecter la nature et celle de se sentir bien dans sa peau et dans son corps grâce à des produits « cocooning », notre cœur balance parfois. Il est par ailleurs souvent difficile de s'y retrouver dans les étiquettes et de savoir exactement ce que contiennent les petits pots de douceur et de bien-être. Alors voici quelques substances chimiques à repérer et à bannir, ajoutez à cela un peu de bon sens, des cosmétiques bio, et le tour est joué !

Savoir lire et comprendre les étiquettes

Nos produits de soin contiennent un savant mélange d'huiles minérales, de solvants, de colorants, de conservateurs, de parfums et autres substances dont la fabrication et l'élimination peuvent être très polluantes pour la planète, et parfois toxiques pour la

santé. Le bon sens nous indique donc de réduire notre consommation de cosmétiques potentiellement dangereux et de choisir des produits naturels.

Une règle de base : le premier ingrédient inscrit sur l'étiquette est le constituant majoritaire du produit. S'il s'agit d'eau, par exemple, il sera écrit *aqua*. Puis les indications vont dans l'ordre décroissant : le dernier ingrédient cité sera le constituant minoritaire.

Les bêtes noires

- **Évitez les produits dérivés de la pétrochimie**, toxiques pour l'environnement et souvent allergènes, voire neurotoxiques. Pour les repérer et donc les bannir, traquez sur les emballages le suffixe *eth* suivi d'un chiffre, les lettres *PEG* et *PPG* et la mention *propylène glycol*.
- **Fuyez les conservateurs** (allergènes), **les parabènes** (perturbateurs endocriniens) et tous les ingrédients dont le nom comporte *iodo*, *bromo* ou *chloro*, ainsi que les muscs de synthèse, reconnus comme cancérogènes par le CIRC (Centre international de recherche sur le cancer).

POUR CONNAÎTRE PRÉCISÉMENT LA COMPOSITION DES PRODUITS DE SOIN ET DE BEAUTÉ

Un seul outil, l'**INCI** (International Nomenclature of Cosmetic Ingredients). Pour vous assurer que votre trousse de toilette est écologiquement correcte, consultez le site www.beaute-test.com/composant.php, où sont répertoriées toutes les matières premières INCI. C'est ardu, certes, mais efficace pour savoir quelle est la fonction des principaux composants des cosmétiques qui peuplent votre salle de bains.

Les allergies aux produits de soin et de beauté sont très courantes (2 % de la population européenne serait affectée). Dans 45 % des cas, ces allergies sont dues aux substances parfumantes contenues dans les cosmétiques ; viennent ensuite les conservateurs, avec 21 %, et les émulsifiants, avec 10 %. Depuis 2005, 26 substances potentiellement allergènes, ayant entre autres des propriétés parfumantes ou aromatiques, doivent figurer en clair sur

Les logos à pister

1 2 3 4 5

l'étiquette des ingrédients. Traquez-les et évitez-les si vous avez un terrain sensible et/ou allergique.

Liste de ces 26 noms INCI (très barbares, accrochez-vous !) tels qu'ils apparaissent sur les emballages

Alpha-isomethyl ionone ▪ Amyl cinnamal ▪ Alpha-amylcinnamyl alcohol ▪ Anise alcohol ▪ Benzyl alcohol ▪ Benzyl benzoate ▪ Benzyl cinnamate ▪ Benzyl salicylate ▪ Butylphenyl methylpropional ▪ Cinnamal ▪ Cinnamyl alcohol ▪ Citral ▪ Citronellol ▪ Coumarin ▪ Eugenol ▪ Evernia prunastri ▪ Evernia furfuracea ▪ Farnesol ▪ Geraniol ▪ Hexyl cinnamal ▪ Hydroxycitronellal ▪ Hydroxyisohexyl 3-cyclohexene carboxaldehyde ▪ Isoeugenol ▪ Limonene ▪ Linalool ▪ Methyl 2-octynoate.

Le bio

Vous l'aurez compris, pour vous assurer que vos produits de soin ne contiennent pas ces abominables ingrédients, il faut privilégier la cosmétologie bio. En plus, les produits certifiés bio ne sont pas testés sur les animaux vivants et n'utilisent pas de matières premières impliquant la mort d'animaux (blanc de baleine, graisse de marmotte…). Ouf !

Les logos à pister

Attention, « produit naturel » ou « crème aux plantes » ne garantit rien en matière de respect de l'environnement. Seules les certifications **Ecocert** (1) ou **Qualité France** (2) sont valables, en partenariat avec un label fiable comme :

- **Cosmebio** (3) : pas de parfums de synthèse, ni de silicone, ni de mauvais conservateurs. Sachez que la mention verte BIO est encore plus respectueuse de l'environnement que la mention bleue ECO.
- **Nature et Progrès** (4) : 90 % des ingrédients sont issus de l'agriculture biologique.
- La certification allemande **BDIH**, qui a son propre label (5), est également très fiable.

LES SOINS ANTI-ÂGE BIO SONT-ILS AUSSI EFFICACES QUE LES PRODUITS DE SYNTHÈSE ?
A priori, la réponse est positive, puisqu'une plante issue de l'agriculture biologique, privée de pesticides et d'engrais chimiques, développerait plus d'actifs pour se défendre. Sa formule enrichie en molécules plus actives serait donc plus performante ! Bémol : il existe d'autres molécules biotechnologiques très efficaces qui n'ont pas leur équivalent dans la nature (peptide, acide hyaluronique…) et qui ne peuvent donc pas faire partie des produits bio.

SE LAVER DE FAÇON ÉCOLO

Il faut évidemment se laver quotidiennement pour avoir une hygiène saine et pour se sentir bien, mais il est inutile d'accumuler les produits et de s'en tartiner des doses excessives. Vous limiterez ainsi la multiplication de produits chimiques dans la nature et dans votre corps, et vous réaliserez de sacrées économies.

Pour les soins de la peau

Les gels douche bio ont aujourd'hui des parfums délicats, et ils n'irritent pas la peau. Ils sont évidemment non polluants, et leur mousse délicieuse s'élimine naturellement, contrairement aux mousses chimiques. Ils n'ont donc plus rien à envier à leurs confrères non bio qui contiennent souvent des agents anticalcaires, des stabilisateurs de pH, des colorants, des conservateurs, etc., et dont l'effet détergent peut irriter la fine couche de sébum qui protège la peau.

De l'avantage du savon
Si vous persistez dans le non-bio pour votre toilette quotidienne, préférez au moins les savons aux gels douche. Moins d'emballage, plus économique, pas de dérivés de pétrole dans leur composition, ils peuvent même se passer de conservateurs si leur fabrication est traditionnelle. La composition de certains savons, même non labellisés bio, peut être 100 % naturelle.

La recette maison pour un gel douche naturel au savon d'Alep

Râpez un savon d'Alep de 200 g dans 1 litre d'eau, faites chauffer dans une casserole à feu doux et ajoutez 15 gouttes d'huile essentielle de lavande. Laissez refroidir le mélange, puis stockez-le dans un flacon à pompe et… à vous les joies de la douche écolo pour plusieurs mois !

Pour les dents

Pourquoi pas un dentifrice entièrement naturel, voire bio ?

Il en existe aujourd'hui de très bien, parfois sous forme de poudre qui mousse agréablement dans la bouche. Dans tous les cas, vérifiez que votre dentifrice ne contient pas de triclosan, un antibactérien très toxique pour la nature.

LA BONNE MARQUE

Selon le fameux *Guide Cosmetox* de Greenpeace paru en 2005, les marques de dentifrice à privilégier sont les suivantes : Body Nature, Cattier, Ciel d'Azur, Elmex, Laboratoires Phyt's, Logodent et Weleda. Vous trouverez bien votre bonheur dans cette liste !

Et, sur le contenu chimique des autres produits de soin et de beauté, vous pouvez vous renseigner facilement sur www.greenpeace.org/france/vigitox/documents-et-liens/documents-telechargeables/guide-cosmetox.

Trucs et astuces pour se rafraîchir l'haleine

- Pensez à mâcher **une poignée de graines de fenouil ou d'anis** après un bon gigot à l'ail !
- **Un bain de bouche à faire soi-même** en mélangeant **1 cuillère à café d'extrait d'hamamélis**, **½ cuillère à café de glycérine végétale**, **3 gouttes d'huile essentielle de menthe poivrée** et **12,5 cl d'eau**. Et embrassez qui vous voudrez !

DE LA TÊTE AUX PIEDS, LA BEAUTÉ ÉCOLO

L'invasion de publicités toutes plus alléchantes les unes que les autres nous incite à croire qu'il faudrait une multitude de pots de crème pour être beaux et séduisants. C'est faux et archifaux ! Quelques astuces, des produits bio, des recettes maison, du bon sens, une vie saine, et vous serez au top ! Et ce sera top aussi pour la planète et pour le porte-monnaie !

Un regard de biche à toute épreuve

Vous avez trop pleuré ? Pas assez dormi ? Vos yeux sont tout gonflés ? Pour un apaisement minute, imbibez d'eau de bleuet ou de camomille deux morceaux de coton bio, posez-les 10 minutes sur vos yeux fermés, détendez-vous, et votre entourage n'y verra que du feu !

LE VISAGE

Le démaquillage du soir, un rituel obligatoire (même quand on ne se maquille pas…)

Évitez évidemment les lingettes. Utilisez du coton issu de l'agriculture biologique, un gant de toilette ou simplement le bout des doigts : offrez-vous en prime un massage détente. Vous pouvez aussi choisir une éponge végétale bouillie un quart d'heure dans de l'eau vinaigrée puis coupée en une dizaine de morceaux que vous utiliserez et réutiliserez pour vous démaquiller ; lavez-les en machine après usage.

Les nombreux démaquillants bio présents sur le marché sont aujourd'hui extraordinaires ! Pensez aussi aux huiles végétales (amande douce par exemple), qui retirent bien le maquillage ou les impuretés de la journée sans agresser la peau.

Pour un soin de la peau du visage en profondeur, faites votre propre masque purifiant : une fois par semaine, pour désincruster et resserrer les pores, laissez poser une dizaine de minutes **2 cuillerées d'argile** avec **quelques gouttes d'eau florale de camomille**. Vous pouvez même parfumer ce masque simplissime avec un peu d'eau de rose ou de fleur d'oranger.

Pour tonifier le visage, **l'eau bien fraîche** est tout aussi efficace et bien plus économique que les lotions, parfois trop agressives.

Enfin, **sur les boutons disgracieux** qui bourgeonnent sans prévenir, appliquez de l'**huile essentielle d'arbre à thé** (*tea tree*).

Les crèmes de nuit, la fausse bonne idée

Elles ont généralement la même base que les crèmes de jour, mais elles peuvent contenir en plus des ingrédients prétendument miracles mais toxiques pour l'environnement et la santé. Évitez les pots de crème avec du DEA, du TEA ou du MEA.

Pensez plutôt **aux huiles naturelles** de bourrache, d'argan ou de karité, dont les vertus nourrissantes sont mondialement reconnues.

La beauté sans poils, ou l'art de l'épilation écolo

Les bandelettes jetables de l'épilation à la cire génèrent des déchets ; les crèmes dépilatoires sont très chimiques ; le rasoir fait repousser le poil dru ; et la méthode orientale (qui utilise une sorte de boule au caramel) exige un sacré coup de main... Deux alternatives, donc : l'électrolyse ou le laser, qui ont un coût de départ élevé, mais qui sont rentables sur le long terme, ou encore le bon vieil épilateur électrique : il dure de nombreuses années et se révèle d'une efficacité redoutable, au moins pour les jambes.

Vigilance au rayon maquillage

De manière générale, choisissez des produits sans parfum de synthèse et bannissez ceux qui portent une étiquette où figurent les mentions *fluoro* ou *perfluoro*. Quant aux rouges à lèvres, qui étouffent et dessèchent souvent les lèvres en cosmétique conventionnelle, privilégiez ceux à la cire d'abeille, de carnauba ou de candelilla, et ajoutez une goutte d'huile végétale pour encore plus de douceur.

Pour tout ce qui est fond de teint, poudre, mascara et crayons ainsi que rouges à lèvres, achetez en priorité **les cosmétiques bio**, qui font aujourd'hui des merveilles !

LES CHEVEUX

Prenez-en soin en les lavant régulièrement, mais pas tous les jours ; en les rinçant à l'eau fraîche avec le jus d'un citron ou quelques gouttes de vinaigre de cidre pour les faire briller ; et en évitant d'utiliser de la laque, pleine de COV et qui a pour effet le cheveu carton !

UN SHAMPOOING SEC SELON LA MÉTHODE DU WWF

Il suffit de vous frotter le cuir chevelu avec **une cuillerée à soupe de flocons d'avoine**, de secouer la tête dans tous les sens et de bien peigner pour ôter tous les résidus. Une astuce pratique et écolo quand on n'a vraiment pas le temps de faire un vrai shampooing.

Choisissez de préférence **des shampooings et après-shampooings bio**, même si, à l'heure actuelle, le choix de produits vraiment agréables est plus restreint qu'en matière de gel douche bio. Beaucoup de shampooings bio laissent encore en effet le cheveu rêche, difficile à démêler et un peu terne, mais les avancées dans ce domaine semblent aller bon train et promettent le meilleur dans les mois à venir. Guettez les nouveautés dans votre magasin bio, faites vous-même votre shampooing et pensez aux **huiles végétales** (amande douce pour les démangeaisons, argan ou bourrache pour les cheveux secs et cassants, olive ou coco pour les pointes desséchées, jojoba pour tous les types de cheveux...).

Méfiez-vous des colorations

La plupart des produits de teinture pour cheveux ne sont vraiment pas recommandés. Ils sont en effet aussi agressifs pour l'environnement que pour les cheveux et la santé (ils contiennent des substances irritantes, donnent des allergies, sensibilisent l'épiderme, modifient la structure du cheveu…). Il existe des colorations dites « naturelles », mais cette appellation est parfois mensongère. La solution reste de **bien lire l'étiquette** et de vérifier que le produit choisi n'est fabriqué qu'à base de colorants végétaux (henné 100 % naturel par exemple). Quelques bémols : l'offre disponible en coloration naturelle est encore très réduite aujourd'hui, et il est impossible de teindre de façon naturelle une chevelure très brune en blond ou toute blanche en noir…

LE BON SOIN TOUT SIMPLE CONTRE LES FOURCHES
Appliquez et laissez poser pendant ¾ d'heure sur les longueurs et pointes une mixture gourmande comprenant **2 cuillères à soupe de miel liquide**, **5 cuillères à soupe d'huile d'olive** et **2 gouttes d'huile essentielle de romarin**, puis rincez et lavez vos cheveux avec un shampooing doux. Crinière de lion assurée !

LES MAINS

Proscrivez définitivement les vernis à ongles et les dissolvants. Ils contiennent des composés organiques volatils et sont à base de toluène, de formaldéhyde ou d'acétone ; bref, de véritables cochonneries pour la santé et la planète !
Pour éviter d'utiliser du vernis mais frimer quand même avec de jolis ongles naturels, effectuez des mouvements de va-et-vient sur la surface de l'ongle avec un polissoir en carton. C'est un geste qui a tout bon : non seulement il fait briller, mais en plus il favorise la microcirculation et la repousse !

Quelques conseils pour faire ses cosmétiques bio soi-même

Si vous aimez jouer à l'apprenti sorcier, alors sortez vos fouets, vos balances et vos pots en verre et lancez-vous ! Vous trouverez sur le Web de nombreuses bloggeuses qui partagent leurs secrets de beauté verts avec les internautes, comme Mamzelle Emie (www.mamzelleemie.com) ou www.makeyourcosmetics.com pour les anglophones. Et en librairie, de nombreux livres sur le sujet.

ON EN MANGERAIT !

De ce masque régénérant pour les mains...

Mélangez **1 cuillère à soupe de flocons d'avoine, 1 cuillère à soupe de yaourt nature entier, 1 cuillère à café d'huile d'amande douce, 1 cuillère à café de jus de citron, 1 cuillère à café de miel liquide** et **2 gouttes d'huile essentielle d'encens.** Appliquez ce masque sur vos mains propres, encore humides, attendez 20 minutes et rincez à l'eau chaude. Voilà des mains toutes douces et apaisées !

Bonne nouvelle, **la manucure verte** commence discrètement à pointer le bout de son nez...

Le premier dissolvant bio est apparu à l'hiver 2008. Sans acétone, mais avec un dérivé d'origine naturelle, il est moins décapant. En outre, certains salons d'esthétique proposent désormais des manucures bio. Renseignez-vous.

POUR SENTIR BON

Le parfum

Bon, avouons-le tout de suite, les parfums ne sont pas écolo du tout ; ils sont même potentiellement nocifs pour la santé avec leurs composés chimiques bio-accumulables, leurs phtalates et autres muscs de synthèse (que de noms poétiques !).

Alors, limitez votre consommation de « pschitt sent bon », n'en mettez que quelques gouttes sur les vêtements ou les cheveux (jamais sur la peau) et préférez les eaux de toilette aux parfums.

Le déodorant

Qu'ils soient antitranspirants (aux sels d'aluminium) ou déodorants classiques avec des bactéricides comme le triclosan ou le farnésol, ils sont toxiques que ce soit pour notre santé et celle de la planète. Quant aux aérosols, chargés en butane ou en propane, ils répandent des particules polluantes

Pourquoi pas un déodorant home made ?
En mélangeant dans un petit vaporisateur **6 cl d'hamamélis distillé**, **10 gouttes d'extrait de pépins de pamplemousse**, **10 gouttes d'huile essentielle de cyprès** et **10 gouttes d'huile essentielle de lavande**, toute la famille sent bon le propre et le frais jusqu'au soir !

dans l'atmosphère et participent au réchauffement climatique. À bannir…

Les solutions
Achetez un déodorant bio, comme les roll-on à base d'huiles essentielles antibactériennes. Certains ne sentent presque rien et ont fait leurs preuves. Encore plus économique et écologique, **la pierre d'alun** qu'on humecte et qu'on passe sous l'aisselle. En plus, ses qualités cicatrisantes font d'elle un après-rasage efficace.

8 gestes écolo tout simples…

1. Pour la toilette quotidienne, privilégiez la douche par rapport au bain. D'une part, ça réveille et ça vivifie (surtout si vous terminez par un jet glacé sur les jambes !), d'autre part, la douche gaspille moins d'eau que le bain et demande moins d'eau chaude… donc quelques économies en prime.

2. Sous la douche, coupez l'eau pendant que vous vous savonnez. Idem quand vous vous brossez les dents ou lorsque vous vous rasez : inutile de laisser des litres d'eau s'écouler pour rien.

3. Préférez un savon à un gel douche : il est plus économique et plus écologique. L'idéal : un savon bio acheté en vrac (sans emballage du tout).

4. Pour garder la forme et la ligne, muscler votre cœur et économiser de l'électricité, prenez les escaliers et évitez les ascenseurs.

et qui changent la vie

5. La beauté venant aussi de l'intérieur, mangez des légumes « bonne mine » (tomates, carottes, etc.), bannissez le tabac, fuyez le soleil, limitez votre consommation d'alcool et dormez comme un bébé… Non seulement vous aurez un joli teint, mais vous serez en meilleure santé, ce qui limitera votre consommation de médicaments (polluants)…

6. En cas de rhume, mouchez-vous écolo avec de jolis mouchoirs en tissu (en coton bio) sur lesquels vous aurez déposé quelques gouttes d'huile essentielle d'eucalyptus. Évitez les mouchoirs en papier, qui sont plus chers et moins bons pour la planète (ils génèrent des déchets, une forte consommation d'eau, la destruction des forêts…).

7. Concoctez vous-même vos recettes de beauté bio en ayant recours aux bienfaits de la nature : crèmes, masques, gommages, shampooings…

8. Dans les toilettes, grattez une allumette ou mettez un peu de vanille pour éliminer les mauvaises odeurs. Bannissez les produits chimiques, surtout ceux contenant du paradichlorobenzène (très toxique pour les reins et le foie).

BOSQUET
BOURDONNAIS
AV. EMILE DESCHANEL
CHARLES FLOQUET
QUARTIER
DE
CAVALERIE
AVENUE
TABACS
d'Orsay

CHAPITRE 5

Le garage, les déplacements, les loisirs et les vacances

Le bricolage, les vieilleries et autres objets anciens qui hantent le garage, l'utilisation excessive de la voiture mais aussi les vacances et les loisirs peuvent avoir des conséquences néfastes sur la planète, et parfois aussi sur la santé. Du bon sens, toujours, quelques précautions et un peu de créativité sont nécessaires pour amorcer un changement dans vos habitudes – tout en continuant à vous faire plaisir, rassurez-vous ! Ce n'est pas bien compliqué et ça peut faire beaucoup pour le monde de demain…

LE GARAGE

LES PRÉCAUTIONS DU BRICOLEUR

Bricoler tranquillement dans son garage le dimanche en sifflotant un air de jazz ou en écoutant son émission préférée à la radio n'est pas toujours une activité aussi anodine qu'on pourrait le croire en ce qui concerne l'environnement et la santé. En effet, on est souvent amené à manipuler des produits aux substances toxiques.

Il convient donc de prendre quelques précautions :

- **Protégez-vous les mains** en portant des gants.
- **Lisez les étiquettes** et privilégiez les produits naturels comportant des écolabels.
- **Aérez** toujours pendant que vous bricolez, et ce quel que soit le produit utilisé, même s'il est bio.

Lorsque sonne l'heure de la fin du bricolage…

Ne jetez jamais, au grand jamais, les restes de vos produits de bricolage. Ni dans l'évier, ni dans la poubelle, ni dans les toilettes, ni dans le jardin. Ne les brûlez pas non plus. Rapportez-les à la déchetterie dans leur emballage d'origine. Pour savoir où se trouve la déchetterie la plus proche de chez vous, renseignez-vous auprès de la mairie ou dans les Pages Jaunes.

- **Évitez à tout prix les aérosols**, aux projections incontrôlables et qu'on inhale sans s'en rendre compte en plus grande quantité que les produits non aérosols.
- **Méfiez-vous particulièrement des produits décapants** pour les surfaces peintes ou vernies, souvent à base de solvants très toxiques comme le chlorure de méthylène.
- **Ne brûlez pas de PVC**, cela génère des dioxines, des furanes (solvants utilisés pour les matières plastiques et les résines) et de l'acide chlorhydrique.

Pour nettoyer…

… **vos outils :** boycottez les solvants organiques, pétroliers ou organochlorés (genre white-spirit, trichloréthylène, etc.), et choisissez des produits d'origine végétale (à base de terpène d'agrumes par exemple) achetés dans les magasins bio.

… **vos mains ou votre bleu de travail :** utilisez de l'huile végétale et du savon. Si cela ne suffit pas, pensez à la fameuse pierre ponce, toujours efficace et vraiment naturelle.

LE BRIC-À-BRAC DES VIEUX OBJETS

Le garage est souvent le refuge de tout un tas de vieilleries dont on ne sait que faire mais dont on ne se sépare pas : valeur sentimentale, capharnaüm décourageant, souvenirs des aïeux… les raisons ne manquent jamais pour éviter de faire le tri dans nos affaires.

Mais, attention, certains objets hérités du passé, a priori anodins, **peuvent être radioactifs** ! Il fut en effet un temps où le radium était très utilisé dans des objets de la vie courante : montre ancienne, vieux réveil, collections de minéraux du grand-père, paratonnerres des années 1950, boussoles, bocaux de sels du lycée de votre grand-mère… S'ils restent intacts, ces objets ne posent pas de problème, mais s'ils sont abîmés, ils peuvent se révéler très toxiques, voire dangereux. Par exemple, un enfant qui jouerait avec les aiguilles d'un vieux réveil pourrait se brûler !

En cas de doute, surtout ne jetez rien à la poubelle et évitez de toucher directement ces objets. Il suffit

de contacter **l'Andra** (Agence nationale pour la gestion des déchets radioactifs), qui se chargera gratuitement de la collecte et de la prise en charge de ces objets du passé. L'Andra gère aussi les déchets relevant du « nucléaire familial ». Renseignements au 01 46 11 80 00 ou sur le site : www.andra.fr.

POLLUTION DE L'AIR ET DÉPLACEMENTS

Nos déplacements quotidiens, notamment en voiture, sont loin d'être anodins quant à la pollution atmosphérique. Il faut savoir qu'à lui seul le secteur des transports est à l'origine **de plus du quart des émissions de gaz à effet de serre** dans notre pays. Pour nous protéger des polluants de l'air qui pénètrent dans nos poumons et peuvent provoquer des troubles respiratoires, un seul mot d'ordre : changeons nos habitudes !

VIVE LE RECYCLAGE !

Si vous êtes sûr que les vieux objets poussiéreux qui sont entassés dans votre garage ne sont toxiques ni pour la planète ni pour vous-même et que vous ne souhaitez pas vous en séparer, pourquoi ne pas leur offrir une seconde vie ? Consultez les sites http://espritrecup.fr/ ou www.neomansland.info (catégorie arts/design), et, avec un peu d'imagination, vous pourrez transformer en trésors une multitude d'objets a priori inutiles et éviter ainsi de dépenser pour l'achat de nouvelles choses.
Exemples en vrac : un lustre avec de vieilles paires de lunettes, des fauteuils de jardin avec des pneus, un vide-poches décalé avec un chapeau, un porte-cartes super-design avec des vinyles, un vase avec des boîtes à chaussures, une table basse avec des livres…

Bonne nouvelle – à prendre avec des pincettes...

Une étude de l'Ifen (Institut français de l'environnement) affirme que, malgré une évolution contrastée, la qualité de l'air des villes de plus de 100 000 habitants se serait globalement améliorée entre 2000 et 2005. Ne crions toutefois pas victoire trop vite : il y a encore du chemin à faire avant de pouvoir respirer un air vraiment sain à Paris, Grenoble, Marseille ou Lyon.

L'AIR DES VILLES

En France, les villes sont placées sous la surveillance de capteurs qui mesurent en permanence la qualité de l'air : dioxyde de soufre, oxydes d'azote, ozone, monoxyde de carbone...

Même s'il n'est pas la seule source de pollution de l'air des villes, l'usage excessif de la voiture est incompatible avec la volonté de protéger la planète.

La circulation automobile, les embouteillages, les moteurs Diesel, les gaz des pots d'échappement, etc., génèrent des particules fines, de l'oxyde d'azote, du monoxyde de carbone et d'autres hydrocarbures imbrûlés, tous plus toxiques les uns que les autres pour la planète (réchauffement climatique par exemple) et pour la santé (irritations oculaires, cutanées, pharyngites, bronchiolites de l'enfant...). Les populations urbaines sont aussi les plus touchées par l'asthme et les allergies, en raison de ces polluants atmosphériques, qui sont bien plus importants en ville qu'à la campagne.

LA VOITURE

En plus d'être chère (à l'achat, au niveau de l'assurance, de la carte grise, de l'entretien, du carburant, du stationnement, des P-V, des péages...) et dangereuse (eh oui, les accidents de la route sont fréquents !), la voiture pollue. Aujourd'hui, non seulement on n'a pas forcément besoin d'un véhicule au quotidien (il existe les transports en commun, l'auto-partage, le covoiturage...), mais souvent aussi l'usage que l'on fait d'une voiture ne justifie pas que l'on en possède une : 40 % des déplacements font moins de 2 km, et le taux d'occupation des voitures en France est de 1,1 personne et de moins de 1,3 en ville...

Cela dit, si vous souhaitez quand même acheter une voiture, il vous faudra respecter quelques principes simples en matière de choix, de conduite et d'entretien afin de limiter les dégâts.

Le choix du véhicule

■ **Une voiture neuve** pollue beaucoup moins qu'une vieille guimbarde (elle rejetterait 2 à 3 fois moins de CO_2). Alors, si votre budget vous le permet et si vous avez absolument besoin de posséder votre propre véhicule, roulez en voiture écolo dernier cri.

■ Pour l'achat d'un véhicule neuf, vous pouvez bénéficier d'**une prime à la casse** en remettant votre vieille voiture à un démolisseur ou à un broyeur agréé, qui assurera sa dépollution et récupérera les pièces. Les coordonnées de ces démolisseurs et broyeurs agréés sont disponibles auprès des préfectures.

■ Achetez un véhicule **adapté à vos besoins** ! Un peu de bon sens : inutile de choisir une grande voiture, plus énergivore, qui rejette plus de CO_2 et qui consomme plus de carburant qu'une petite auto si vous n'en avez pas réellement l'utilité. Rien ne vous empêche, en cas de besoin ponctuel (déménagement, vacances...), de louer ou d'emprunter une grosse berline ; ce sera plus intéressant écologiquement et financièrement.

■ C'est lors de l'achat de la voiture que tout se décide : consommation de carburant, confort, sécurité, options, mais aussi et surtout avantages et inconvénients écologiques. Choisissez donc une voiture peu polluante, qui peut vous faire bénéficier d'**un bonus écologique** allant de 200 à 2 000 euros. Privilégiez aussi un véhicule qui comporte des éléments recyclables ou recyclés, et, si vous prenez un Diesel, exigez la présence d'un filtre à particules. Boycottez bien évidemment les 4 × 4, qui consomment beaucoup de carburant, polluent excessivement, abîment l'écosystème des chemins de campagne (en écrabouillant tout sur leur passage) et sont dangereux pour les piétons et les cyclistes (visibilité réduite à l'avant).

■ Enfin, vous pouvez aussi surfer sur le site du WWF, qui offre **un comparatif clair** des différents véhicules en fonction de leurs performances écologiques : www.guide-topten.com.

Être un « écomobiliste »

Vous trouverez sur www.ate.ch/index.php?id=645 le guide de l'ATE (Association Transports et Environnement), intitulé l'EcoMobiListe, pour choisir et acheter son véhicule en fonction de son impact environnemental. Outre l'évaluation de plus de 450 modèles de voitures selon des critères tels que leurs émissions de CO_2, de gaz polluants ou leur niveau sonore, ce guide fourmille d'astuces et d'informations utiles à l'achat d'une voiture.

À BAS LA CLIMATISATION !

La clim est un luxe, certes, mais elle consomme beaucoup de carburant, pollue énormément et génère beaucoup de gaz à effet de serre. La plupart des voitures en sont aujourd'hui équipées. Ne vous en servez pas, ou utilisez-la à bon escient. Vérifiez que le réglage n'est pas trop froid (pas plus de 5 °C de différence entre l'intérieur et l'extérieur) et faites réviser régulièrement le circuit afin de limiter les fameuses fuites de fluide frigorigène qui ont un grave impact sur le réchauffement climatique.

Pour éviter d'utiliser la climatisation et ne pas trop souffrir en cas de fortes chaleurs, garez-vous à l'ombre, placez des pare-soleil, évitez de conduire aux heures les plus chaudes, voyagez de nuit l'été, munissez-vous d'un brumisateur d'eau manuel (celui qui sert pour les plantes et que vous aurez, au préalable, rempli d'eau de source) et, surtout… restez zen !

La bonne ligne de conduite

Roulez écolo et adoptez de bonnes habitudes au volant pour moins de dépenses, moins de pollution et plus de sécurité.

- **Pour les petits trajets**, préférez la marche à pied, le roller, le vélo… et laissez votre véhicule au garage. En effet, on pollue plus sur des distances courtes, car les pots catalytiques ne sont efficaces qu'à chaud.
- **Démarrez en douceur**, sans pousser le moteur, évitez de freiner brusquement et de rouler en surrégime.
- **Roulez tranquille**. C'est bien connu : conduire vite et nerveusement augmente la consommation de carburant et les émissions polluantes, sans parler de la sécurité – la nôtre et celle des autres, qui en prend un coup. Rouler moins vite permet en outre de changer moins souvent les pneus.
- **Vérifiez régulièrement la pression des pneus** : rouler avec des pneus sous-gonflés entraîne une surconsommation de carburant.
- Utilisez sur l'autoroute, quand celle-ci n'est pas

Des voitures « propres »

GPL, hybrides, électriques, « Stop and Start » (système qui coupe le moteur aux feux rouges), biocarburants nouvelle génération... De nouvelles automobiles bien moins polluantes pointent le bout de leur pare-chocs. Souvent encore très chères, elles représentent cependant un réel progrès pour l'environnement et peuvent vous faire obtenir des crédits d'impôt. N'hésitez pas à interroger votre vendeur !

vallonnée, **un régulateur de vitesse**. Il permet de réaliser une petite économie de carburant.

- **Inutile de rouler avec une voiture chargée** si vous n'en avez pas besoin. Galeries, coffres de toit et porte-vélos augmentent la consommation de carburant. À choisir, préférez les remorques et porte-vélos situés à l'arrière.
- **Coupez le contact** en cas d'arrêt prolongé : vous limiterez ainsi consommation, pollution et bruit.
- **Préservez vos bronches** en fermant bien vos fenêtres et en coupant la ventilation quand vous roulez dans un tunnel – antre de toutes les pollutions – ou lorsque vous êtes bloqué derrière un véhicule qui empeste.

L'entretien d'une voiture

- **Prenez soin de votre véhicule** en l'emmenant régulièrement chez le garagiste. Un moteur mal réglé consomme et pollue plus, idem pour un filtre à air encrassé, des pneus usés ou encore un mauvais parallélisme des roues.
- **Pour laver votre auto**, inutile d'utiliser des substances chimiques et des quantités d'eau astronomiques. Il existe des produits bio efficaces comme le GS27 Pure, à base de sédiments minéraux et qui ne nécessite aucun rinçage. Vous pouvez aussi mélanger vous-même un peu d'eau, de vinaigre blanc et de savon liquide. Sinon, rangez votre tuyau d'arrosage, remplissez un seau et munissez-vous d'une éponge. Enfin, pour un pare-brise nickel, vaporisez dessus de l'eau gazeuse, puis essuyez-le soigneusement.
- **Afin de limiter les vapeurs d'essence**, évitez de faire le plein de carburant aux heures chaudes.
- Espace confiné, la voiture est soumise à quantité de pollutions (trafic automobile, tabac, asphalte, solvants, plastiques...), et ce, d'autant plus quand elle est neuve. **Un seul conseil** : aérez-la au maximum, même en hiver.

LES DÉPLACEMENTS ÉCOLO

Utiliser peu la voiture passe encore, mais l'idéal serait évidemment de la mettre définitivement aux

À bas les idées reçues !

Savez-vous qu'on ingère plus de polluants lorsqu'on est enfermé dans une auto que lorsqu'on se déplace à vélo ? Oui, les prises d'air des voitures se situent à l'avant, près du sol, et aspirent donc les gaz d'échappement des autres véhicules, alors que les adeptes de la petite reine se trouvent plus en hauteur, ce qui leur permet de respirer moins de polluants, et encore moins lorsqu'ils utilisent les pistes cyclables.

oubliettes. Les alternatives à la possession d'un véhicule individuel présentent aujourd'hui de nombreux avantages.

La marche à pied

C'est un exercice physique idéal, recommandé à tout le monde et à tous les âges. Marcher, c'est la santé, tout le monde le sait : la marche contribue au bon fonctionnement du cœur et de la circulation sanguine, elle relaxe et déstresse, et, pour comble, elle ne coûte rien du tout. Pourquoi vous en priver sur de courtes distances ? Allez, allez, on sait qu'en ville pour parcourir 500 mètres à pied, il faut 6 minutes seulement, et parfois beaucoup plus en voiture...

Le vélo

C'est un excellent moyen écolo de se déplacer rapidement en ville, de se faire du bien et de muscler jambes et fessiers ! Idem pour le roller et la trottinette. Choisissez si possible des rues peu passantes, pas trop encaissées, et équipez-vous éventuellement d'un masque à charbon pour limiter la toxicité des gaz et particules.

Les transports en commun

Emprunter les transports en commun en ville, c'est écologique, économique et souvent bien plus pratique. La plupart du temps, vous irez beaucoup moins vite en voiture qu'en métro, en tramway ou même en bus ; et puis, dans les transports, pas besoin de penser à l'itinéraire, de chercher une place pour se garer, de payer le stationnement... À titre d'exemple, la vitesse moyenne du métro à Paris est de 20 km/h (40 km/h pour la ligne 14 !), tandis que celle des automobiles est de moins de 16 km/h... ça fait réfléchir, non ?

LES BONNES INITIATIVES

Dès 1999, la ville de **La Rochelle**, soucieuse des problèmes environnementaux, a mis au point un programme de location en libre-service d'une cinquantaine de voitures électriques baptisé Liselec. La Rochelle encore, mais aussi **Stockholm**, **Rotterdam** ou **Milan** ont mis en place un système nommé Elcidis de livraison des marchandises par des véhicules électriques. Plus d'info sur ces démarches écolo : www.ville-larochelle.fr et www.elcidis.org.

À **Strasbourg**, par ailleurs, l'association Auto' trement (www.autotrement.com), créée en 1999, est la première initiative d'autopartage (sur abonnement, mise à disposition d'un véhicule accessible 24h/24 pour une durée d'une heure au moins) dans une ville de province française, juste après Caisse-Commune à **Paris** (www.caisse-commune.com).

Pour réduire le nombre de voitures sur les routes, on peut avoir recours à deux systèmes aujourd'hui très efficaces : l'autopartage (des voitures stationnées dans des parkings sont mises à disposition pour des locations de courte durée) et le covoiturage (déplacements en voiture à plusieurs).

L'autopartage

L'autopartage, également appelé voiture partagée, voiture en libre-service ou voiture à la carte, à l'instar du Vélib' à Paris ou du Vélo'v à Lyon, connaît aujourd'hui un beau développement. Économique, écologique et sans contrainte, l'autopartage est séduisant. L'idée est simple: vous profitez d'une voiture comme si c'était la vôtre, sauf qu'elle ne vous appartient pas. Disponible 24h/24, 7 jours/7, un véhicule vous attend dans des parkings à proximité de chez vous, vous ne payez que l'adhésion et la location. Fini, les contraintes d'entretien et de paperasse liées à la propriété d'une voiture ! C'est l'entreprise qui se charge de tout. L'autopartage est

écolo pour deux raisons : ce système remplacerait en moyenne 8 à 10 véhicules individuels, et le fait de ne pas avoir sa propre voiture à portée de main incite les adhérents à n'utiliser ce mode de transport qu'en dernier recours, après la marche, les transports en commun ou le vélo.
Pour tout savoir sur l'autopartage :
www.franceautopartage.com pour toute la France, www.caisse-commune.com ou www.mobizen.fr à Paris, et www.okigo.com à Paris et Rouen.

Le covoiturage

Le covoiturage commence lui aussi à se tailler une belle place sur les routes de France. Le concept est né dans les années 1970, mais la France ne s'est lancée qu'en 2000 et ne connaît un véritable engouement pour ce mode de transport que depuis 2005-2006. Évidemment, c'est toujours une voiture qui roule, mais le covoiturage permet de réduire le nombre de véhicules en circulation, il en augmente le taux d'occupation et contribue ainsi à une réduction des émissions de CO_2. Il peut en outre être très économique (surtout pour ceux qui n'ont pas ou plus de réductions SNCF par exemple). Vous pouvez vous organiser soit directement avec vos voisins ou vos collègues, soit par l'intermédiaire d'associations : www.co-voiturage.fr ou www.covoiturage-france.fr pour les collectivités, les entreprises et les particuliers, www.123envoiture.com en France et en Europe ou encore www.envoituresimone.com.
Le covoiturage est la plupart du temps payant: conducteur et passagers partagent les frais. Le prix est librement fixé entre eux, mais la plupart des sites proposent des calculateurs.

VACANCES ET LOISIRS

Voyager en train plutôt qu'en avion, écotourisme, vacances solidaires, communes labellisées, plages plus propres, hôtels écolabel, camping... **le tourisme passe au vert**. Nous sommes de plus en plus nombreux à rechercher des loisirs et vacances

respectueux de l'environnement.
N'oubliez jamais lorsque vous préparez vos vacances que le voyage le plus écologique ne sera pas celui qui vous fera découvrir des contrées lointaines et inexplorées, mais celui qui polluera le moins.

À BAS L'AVION !

Un voyage au long cours en avion, même organisé par un écovoyageur plein de bonnes intentions, a un impact considérable sur la planète. Pour les vacances, privilégiez donc toujours le train quand vous le pouvez, ou encore le bateau ou le bus, l'avion étant réellement voué aux gémonies en matière d'écologie.

Pourquoi ?

L'avion est le mode de transport qui par kilomètre parcouru participe le plus au dérèglement climatique, sans parler des autres pollutions atmosphériques qu'il engendre et des multiples nuisances sonores qu'il génère près des aéroports. Le trafic aérien mondial serait responsable chaque année de **600 millions de tonnes de CO_2** ; un avion consommerait par passager l'équivalent d'une petite voiture sur la même distance ; un Paris - New York équivaudrait au quart de la contribution annuelle d'un Français à l'effet de serre... Tous ces chiffres et comparaisons font réfléchir ! Vraiment, il ne faut prendre l'avion qu'en dernier recours...

VIVE LE TRAIN !

Le train reste vraiment la meilleure solution pour voyager tranquillement et en toute bonne conscience : plus écolo, moins cher (surtout si on s'y prend à l'avance et qu'on profite de tarifs préférentiels ou de cartes de réduction), moins fatigant (pas de longues files d'attente à l'aéroport, arrivée directe en centre-ville, circulation aisée dans les wagons...), il est aussi bien moins dangereux que la voiture. D'ailleurs, on peut aussi choisir de faire voyager sa voiture en train pour ne la reprendre qu'à l'arrivée...

Les chiffres du tourisme lointain...

En 2000 : presque 700 millions de voyages dans le monde.
En 2007 : environ 900 millions de voyageurs ont parcouru le monde.
En 2020 : plus de 1,5 milliard de touristes sont prévus dans le monde !
Quel impact sur l'environnement aura ce tourisme de masse ? Un impact considérable, certainement.
Il est donc vraiment important de penser, en conscience, ses vacances, ses voyages, ses déplacements.

PRENDRE L'AVION, OK, MAIS EN COMPENSANT LES ÉMISSIONS DE CARBONE

Si vous avez décidé malgré tout de faire, en solo, en amoureux ou en famille, un magnifique voyage au bout du monde, pas de panique, et inutile de trop culpabiliser : vous pouvez limiter les dégâts en compensant vos émissions de carbone. Il s'agit d'une compensation volontaire : quand vous prenez votre billet d'avion, vous achetez en plus des « crédits carbone » auprès d'ONG ou d'entreprises qui investissent dans des projets de développement des énergies renouvelables ou de reforestation, ou dans d'autres projets visant à réduire les émissions de CO_2 ou à stocker du carbone.

Pour en savoir plus : www.compensationco2.fr (ce site proposé par l'Ademe recense notamment les opérateurs ayant signé une charte de bonnes pratiques), www.co2solidaire.org ou www.action-carbone.org.

L'ÉCOTOURISME EST DANS L'AIR

L'écotourisme, cette notion assez vague, sans label officiel et réputée plus chère (parfois jusqu'à 30 % de plus qu'un tourisme ordinaire), séduit néanmoins de plus en plus de voyageurs qui se préoccupent de l'impact environnemental et humain de leurs vacances… et c'est tant mieux !

L'écotourisme, qu'est ce que c'est ?

Prise en compte du réchauffement climatique et de la biodiversité, respect des populations et de l'économie locales, écovolontariat dans des villages d'Afrique, treks en Mongolie, randonnées pédestres dans les Cévennes… il est très difficile de circonscrire l'écotourisme dans des critères simples tant il revêt de composantes.

On pourrait tenter la définition suivante, par ordre croissant d'exigences :

- **Le tourisme nature ou vert** : randonnées à vélo, à pied, à dos d'âne; camping, respect de la nature, etc.
- **Le tourisme éthique**, en prise avec les réalités du pays : rencontre des ONG, des associations actives dans la région, etc.
- **Le tourisme solidaire ou équitable** : vous soutenez vous-même financièrement des projets locaux de développement, ou vous passez par une agence de voyages qui reverse une partie du prix que vous payez pour développer des projets locaux de développement.
- **Le tourisme responsable** : vous consacrez vos vacances à un engagement personnel dans des projets locaux de développement (construction d'un puits en Afrique, d'une école au Cambodge, etc.).

Pour une information fiable sur l'écotourisme, rendez-vous sur ces différents sites Internet :

- www.echoway.org
- www.tourisme-responsable.org
- www.voyagespourlaplanete.com
- www.tourismesolidaire.org

À quels labels se fier ?

Bien choisir ses destinations et privilégier des lieux de vacances agréables et écolabellisés peut être une bonne formule pour voyager écolo. Plusieurs études montrent d'ailleurs que l'excellente qualité de l'environnement est un critère de plus en plus considéré et apprécié par les touristes européens.

Les communes et ports de plaisance qui portent le label **Pavillon Bleu** (voir logo n° 1 page suivante), par exemple, sont une référence dans les domaines du tourisme, de l'environnement et du développement durable. Présent dans 37 pays, cet écolabel récompense et valorise chaque année les villes et les ports qui mènent de façon permanente une politique forte en faveur de la qualité de l'environnement. Ce label est délivré selon les critères suivants : éducation à l'environnement, environnement général ou gestion du site, gestion des déchets, gestion de l'eau et du milieu.

Pour plus d'informations et pour connaître la liste des sites Pavillon Bleu, surfez sur www.pavillonbleu.org.

À quels labels se fier ?

UN NOUVEAU LABEL POUR LES PLAGES LES PLUS PROPRES

En 2015, en vertu d'une directive européenne, la qualité des eaux de baignade devra se conformer à des critères drastiques ! Toutes les villes françaises qui les respecteront sans attendre cette échéance recevront déjà le label « **Certification qualité eau de baignade** » (logo n° 4). Cette nouvelle certification, gage de transparence et de progrès, sera renouvelée tous les 3 ans, et les communes devront afficher quotidiennement les résultats d'analyse de la qualité de l'eau.

En attendant, si on appliquait dès aujourd'hui cette directive, plus de 130 plages (soit 1 plage sur 10) ne répondraient pas aux futures normes ! Pour connaître la liste de ces plages malpropres, consultez la simulation de **Surfrider Foundation** sur le site www.surfrider.fr, puis cliquez sur « Étude eaux de baignade ». Et, pour tout savoir sur la qualité des eaux de baignade des lieux de vacances français, **le ministère de la Santé** a créé un site Internet : http://baignades.sante.gouv.fr.

Quitte à vous mettre au vert pour les vacances, autant dormir dans une chambre écolo ! Alors, au moment de choisir votre hébergement, guettez l'**écolabel européen** représenté par une petite Fleur (logo n° 2), ou la **Clef Verte** décernée par la Fondation pour l'éducation à l'environnement (FEE) (logo n° 3).

- **L'écolabel européen** récompense tout type d'hébergement touristique respectueux de l'environnement. Il concerne autant un palace citadin ou une chaîne d'hôtels de la Méditerranée qu'une auberge de montagne, un B & B (Bed and Breakfast), un gîte rural ou un camping.

Voici quelques exemples de ce que vous trouverez dans les hôtels affichant cette « petite fleur » : les fenêtres sont équipées de double vitrage, les ampoules des chambres sont de basse consommation, l'arrosage du jardin s'effectue la nuit, les draps et serviettes ne sont changés qu'à la demande, les échantillons sont remplacés par des distributeurs muraux, la nourriture servie est d'origine locale et bio... Dommage que cette petite fleur manque

autant de notoriété… Pour connaître la liste des hébergements écolabellisés, rendez-vous sur le site http://www.eco-label.com/french/, puis cliquez sur « Chercher un produit/un service ».

■ **Idem pour la Clef Verte**. Elle récompense campings, hôtels et gîtes pour leur dynamisme en matière d'environnement, selon des critères précis : gestion environnementale générale, gestion des déchets (tri sélectif, etc.), de l'eau et de l'énergie, aménagement des espaces intérieurs et extérieurs (utilisation de produits respectueux de l'environnement, compost…), éducation à l'environnement (sensibilisation des clients à la nature, etc.), aménagement du terrain des campings (faible densité d'occupation, espaces verts suffisants…).

En 2007, 234 hébergements étaient récompensés dans toute la France par la Clef Verte : 199 campings, 21 hôtels et 14 gîtes, chambres d'hôtes, résidences…

Pour en connaître la liste : www.laclefverte.org.

DANS LA NATURE, QU'EST-CE QUI EST AUTORISÉ ?

■ **En matière de pêche**, les poissons, crustacés et coquillages capturés doivent respecter des tailles minimales (renseignez-vous avant). S'ils sont plus petits que la taille autorisée, vous devez les remettre à l'eau. Par ailleurs, ne pêchez que ce que vous consommerez – inutile de gâcher, et ne pêchez jamais dans les ports, c'est interdit.

■ **Pour les adeptes de la plongée sous-marine** : orientez-vous vers des centres de plongée responsables, veillez à ne pas abîmer les récifs coralliens (portez des palmes de petite taille, fixez bien votre matériel…), ne touchez pas les coraux, ne nourrissez pas les poissons et ne prélevez rien qui vienne de la mer. Évidemment, sur le bateau, ne jetez jamais rien par-dessus bord !

■ **Sur la plage**, respectez les dunes et leur végétation. S'il y a des clôtures au pied des dunes, ne les enjambez pas pour grimper, et suivez les sentiers autorisés. Il en va de même pour la conduite des

4 × 4 ou des moto trails : la pratique du hors-piste est interdite. La circulation des véhicules à moteur n'est autorisée que sur les voies ouvertes à la circulation publique. De manière générale, évitez toutes les activités motorisées : scooter des mers, quad, motoneige... Polluantes, bruyantes, souvent sans grand intérêt et très peu sportives, elles détruisent les écosystèmes.

- **Dans la forêt**, ne sortez pas des sentiers battus, surtout si vous circulez à VTT. En effet, même si faire du VTT semble écolo, cela a un impact sur la végétation, le sol et la faune.

Attention aux incendies. En Europe, dans 90 % des cas, ce sont les hommes qui sont responsables des feux de forêt (barbecue, camping-gaz, mégots de cigarettes, etc.). Respectez la législation et soyez vigilant.

- Enfin, **les amateurs d'escargots** de Bourgogne doivent laisser en paix les gastéropodes dont le diamètre est inférieur à 3 cm. Et, du 1er avril au 30 juin, période de reproduction de cette espèce protégée, il est interdit de les ramasser.

LA MISE À MORT DU SAC EN PLASTIQUE

Les sacs en plastique dégradent le littoral, polluent les villes, étouffent les oiseaux et les dauphins... Ces « verrues » anti-environnementales fabriquées à partir de pétrole sont condamnées à mourir. Les sacs plastique auront totalement disparu des caisses des supermarchés en 2010, date à laquelle ils seront interdits par la loi et remplacés par des cabas consignés. Seuls les emballages et sacs en plastique biodégradables seront autorisés sur le territoire français.

Durée de vie d'un déchet

TICKET DE MÉTRO OU DE BUS	→ 4 à 8 semaines
EMBALLAGE EN PAPIER	→ 2 à 5 mois
MOUCHOIR EN PAPIER	→ 3 mois
TROGNON DE POMME	→ 4 à 6 mois
PEAU DE BANANE	→ 8 à 10 mois
JOURNAL	→ 3 à 12 mois
CHAUSSETTE EN LAINE	→ 1 an
MÉGOT DE CIGARETTE	→ 6 mois à 2 ans
CHEWING-GUM	→ 5 ans
MORCEAU DE BOIS	→ 2 à 4 ans
PAPIER DE BONBON	→ 5 ans
MORCEAU DE BOIS PEINT	→ 12 ans
PILE	→ plus de 50 ans
BOÎTE DE CONSERVE	→ 80 à 100 ans
BRIQUET EN PLASTIQUE	→ 100 ans
EMBALLAGE ALUMINIUM	→ environ 200 ans
SAC PLASTIQUE	→ 50 ans (si biodégradable, il est partiellement décomposé au bout de 2 ans)
BOUTEILLE EN PLASTIQUE	→ 100 à 1 000 ans
CARTE TÉLÉPHONIQUE	→ 1 000 ans
POLYSTYRÈNE EXPANSÉ (barquettes alimentaires)	→ près de 1 000 ans
BOUTEILLE EN VERRE	→ 4 000 ans

Pour les amoureux de la nature et du calme…
Pour camper en pleine nature dans des sites protégés, sous la tente, dans des cabanes ou même en roulotte, pensez aux sites Huttopia. Au Canada ou en France, Huttopia est la culture nature authentique et respectueuse de l'environnement. Tout sur le retour aux sources du camping vrai sur www.huttopia.com.

Le camping écolo

Merci les panneaux solaires !

Camper de façon écolo et pratique, c'est aujourd'hui un jeu d'enfant, notamment grâce aux panneaux solaires thermiques et photovoltaïques. Les premiers convertissent la lumière en chaleur (génial pour une bonne douche chaude), et les seconds convertissent la lumière en électricité. Plus besoin de trimballer des quantités de piles (très polluantes, faut-il le rappeler ?) ou des bonbonnes de gaz : désormais, un chargeur et un panneau solaire suffisent pour s'éclairer, cuisiner, écouter de la musique… le tout à la belle étoile !

En camping sauvage, il faut à tout prix préserver les cours d'eau en n'utilisant ni savon ni dentifrice, pas même bio, directement dans le cours d'eau. Pour vous laver, munissez-vous d'un grand seau d'eau, utilisez du savon biodégradable et éloignez-vous au moins de 50 mètres du cours d'eau pour vous rincer avec l'eau du seau. Sinon, pour les moins timides, il y a toujours la solution de demander gentiment aux habitants de la ferme du coin d'utiliser leur douche 5 minutes, en échange d'un sourire, d'un bon gâteau ou d'un moment partagé…

Pour que pique-nique rime avec écologique…

Si le pique-nique est a priori une activité à laquelle se livrent les amoureux de la nature, il peut aussi transformer un endroit de rêve en décharge publique…

Quelques trucs verts à savoir :

- Le premier réflexe à avoir pour pique-niquer écolo, c'est de **bien choisir la vaisselle**. Halte aux gobelets en carton et assiettes en plastique ; il existe des équivalents recyclés ou biodégradables beaucoup plus propres ! Sinon, pourquoi ne pas apporter de la vraie vaisselle et des serviettes en tissu dans un beau panier artisanal ou issu du commerce équitable ? C'est d'un chic absolu !
- **Choisissez des fruits et légumes bio de saison et d'origine locale**. Évitez les produits industriels et suremballés, qui cassent un peu la poésie du pique-

nique et augmentent la quantité de déchets à gérer à l'heure du départ.

- **Emportez de l'eau du robinet en gourde** plutôt que de l'eau minérale dans des bouteilles en plastique ou des sodas.
- Quoique le mot pique-nique signifie littéralement « picorer des petits riens », **bannissez les portions individuelles** et autres petits conditionnements, qui génèrent un surcroît d'emballage et de déchets. Pour les boissons comme pour les aliments, choisissez de grands conditionnements, et laissez dans les rayons les petites briquettes et autres compotines en gourde…
- Quand sonne l'heure du retour à la civilisation, après une bonne sieste à l'ombre d'un chêne, **rapportez à la maison tous les déchets** que votre repas a générés. L'objectif est de laisser l'endroit dans l'état où vous l'avez trouvé, comme si vous n'étiez pas venu !

Les festivals bio

En Allemagne, cela existe depuis longtemps, mais, à présent, à Paris (Solidays), à Belfort (Eurockéennes) et surtout en Norvège (festival de Hove), on peut conjuguer rock'n roll et écologie ! Les manifestations festives entrent enfin dans l'ère du recyclable en consignant les gobelets en plastique. C'est donc la fin des pelouses jonchées de déchets impossibles à recycler. Il aura fallu du temps !

Nos cousins scandinaves vont encore plus loin dans le « verdissement » de leur festival. À Hove, 350 bénévoles œuvrent pour un festival archiécolo : tri sélectif, bornes de recharge pour téléphones portables alimentés à l'énergie solaire, générateurs électriques au biodiesel… De sacrées bonnes initiatives qu'il faudrait copier et multiplier !

POUR ALLER DANSER VERT…

Aux Pays-Bas, la boîte de nuit se met au vert : à Rotterdam, **Le Watt** propose gobelets recyclables, nourriture et boissons bio, collecte de l'eau de pluie pour les chasses d'eau, et surtout un dancefloor révolutionnaire : il capterait les mouvements des clubbers et les transformerait en énergie ! On n'arrête plus le progrès… Eh bien, dansez, maintenant !

10 gestes écolo tout simples…

1. Luttez contre le bruit et prenez toutes les mesures nécessaires pour bien vous entendre avec vos voisins sur le sujet délicat des nuisances sonores… Ainsi, avant d'utiliser des engins de bricolage et de jardinage bruyants, consultez l'arrêté préfectoral qui en réglemente l'emploi et respectez les horaires de repos.

2. Ne fumez pas et ne mangez pas dans le garage où vous bricolez. En effet, de nombreux produits de bricolage émettent des composés volatils toxiques, parfois inflammables.

3. Tous les ans ou tous les 10 000 km, vidangez l'huile de votre voiture. Avec un peu d'attention, vous pouvez le faire vous-même, mais en plein air, et surtout pas dans votre propre garage.

4. N'utilisez pas votre voiture sur des petites distances. Eh oui, sur le premier kilomètre, une voiture consomme 50 % de carburant en plus et pollue jusqu'à 4 fois plus ! À la place, marchez ou déplacez-vous à vélo, à rollers… économies d'essence assurées, et exercice physique en prime !

5. Pour éviter de trop polluer et de gaspiller inutilement du carburant, coupez le moteur quand vous ne roulez pas. Pour répondre rapidement à un coup de fil, si vous êtes bloqué dans un embouteillage ou si vous attendez un ami deux petites minutes… chaque fois, pensez à couper le moteur de votre véhicule, car, contrairement aux idées reçues, au-delà d'une minute, il devient plus polluant de le laisser tourner.

et qui changent la vie

6. Les femmes enceintes, les enfants en bas âge, les joggeurs et autres sportifs doivent éviter les rues pleines de voitures et les parcs proches des grands axes routiers. L'air que l'on y respire est vraiment trop délétère.

7. Ne succombez pas à l'achat d'un 4×4. Les véhicules tout-terrain polluent 3 fois plus l'atmosphère qu'une petite berline. Et puis c'est tellement bling-bling et inadapté aux villes !

8. Pour ce qui est des loisirs, privilégiez la voile, l'équitation, la randonnée... et bannissez le quad, le karting, le jet-ski et tous les sports motorisés qui polluent inutilement la planète.

9. Boycottez les grands clubs de vacances du bout du monde. Vraiment pas écolo et souvent chers, ils importent quantité de denrées alimentaires, utilisent à outrance la climatisation et vous font prendre l'avion pour y accéder.

10. Pour les vacances, privilégiez la ferme bio du coin, le grand air, la découverte des animaux... Louez un gîte dans une jolie région de France, et allez-y en train.

CHAPITRE 6

Le jardin

Dans le jardin, on fait pousser des plantes, des fleurs, des arbres, parfois des fruits et légumes, on arrose, on passe la tondeuse, on traque les bestioles qui grignotent nos plantations, on arrache les mauvaises herbes, on se prélasse aussi… Bref, on s'active et on passe du bon temps, car jardiner demeure une activité-détente de premier ordre. Mais attention ! Souvent, les jardiniers amateurs sont aussi des pollueurs qui s'ignorent… Alors, respectez deux règles essentielles pour profiter d'un jardin sain et harmonieux : n'utilisez jamais de produits de synthèse – qu'il s'agisse d'engrais, d'insecticides ou de fongicides, et économisez l'eau.

À BAS LES PESTICIDES !

Les pesticides représentent une réelle menace pour la santé, mais aussi pour la nature. Or il est tout à fait possible d'avoir un beau jardin individuel en bonne santé sans traitement chimique. Jardiner écolo, c'est simplement accepter l'idée que les oiseaux, les insectes et les mauvaises herbes participent aussi à l'équilibre du jardin et du potager.

DES PRODUITS NÉFASTES POUR L'ENVIRONNEMENT

Insecticides, herbicides, fongicides (contre les champignons parasites)… : quel que soit leur nom, les produits phytosanitaires ne se dégradent pas rapidement. Et, tant qu'ils ne se sont pas entièrement dégradés, ils ont un énorme impact sur l'environnement. Ils polluent notamment les cours d'eau et les

nappes phréatiques, pour une durée excessivement longue.

Les pesticides diminuent également la fertilité des sols, se répandent d'un terrain à l'autre, souillant parfois les cultures bio, et contaminent l'air que nous respirons, les brouillards et les pluies.

DES CHIFFRES QUI FONT FROID DANS LE DOS !

La France est le 1er consommateur européen de produits phytosanitaires et le 3e au niveau mondial avec 100 000 tonnes de matières actives par an ! Les plus gros consommateurs sont évidemment les agriculteurs, mais les jardiniers amateurs utilisent environ 8 000 tonnes de pesticides par an, soit 8 % des produits vendus en France. Sur les 17 millions de jardiniers du dimanche français, la moitié environ utilisent régulièrement des pesticides…

DES PRODUITS NÉFASTES POUR LA SANTÉ

Personne n'est épargné par les dangers des pesticides, puisqu'ils contaminent toute la chaîne alimentaire. Bien sûr, les agriculteurs et les viticulteurs ont le plus fort taux d'exposition, mais viennent ensuite les jardiniers amateurs qui utilisent souvent des désherbants, des antifourmis ou des antipucerons, ainsi que leur entourage, et, enfin, dans une moindre mesure, les consommateurs.

Les pesticides sont responsables des pires maux : ce sont des perturbateurs endocriniens, ils causent des troubles neurologiques (au niveau de la mémoire, de la concentration et de l'humeur), pourraient générer la maladie de Parkinson, engendrer des retards du développement psychomoteur chez les enfants… et leurs symptômes ressemblent à ceux de l'empoisonnement : vertiges, nausées et vomissements, troubles respiratoires…

Une association qui vaut le détour

Pour obtenir toutes les informations utiles et fiables concernant les pesticides, l'association de référence en la matière est le Mouvement pour le droit et le respect des générations futures (MDRGF). Allez donc surfer sur le site : www.mdrgf.org.

En attendant une réglementation plus stricte quant à ces produits, appliquez donc le principe de précaution en limitant au strict minimum leur usage.

LES PRÉCAUTIONS À PRENDRE

Inutile de le répéter, il faut proscrire à tout jamais ces produits chimiques infernaux ! Mais si l'usage des traitements phytosanitaires vous est absolument indispensable pour une raison ou pour une autre, voici quelques conseils à suivre avec précaution :

- Vérifiez toujours qu'il est écrit sur l'emballage **« Emploi autorisé dans les jardins »**.
- **Méfiez-vous des inscriptions souvent mensongères** comme « Biodégradable », « Respecte l'environnement », etc.
- **Évitez les traitements globaux**, qui tuent sans distinction tous les animaux, même les insectes utiles à la fertilité des sols.
- N'utilisez jamais de pesticides **quand il pleut ou vente ou lorsqu'il fait plus de 25 °C**.
- N'appliquez jamais un traitement phytosanitaire **près d'un point d'eau**.
- **Portez bottes, gants, combinaison et masque** quand vous traitez, puis lavez-vous soigneusement les mains et le visage.
- Lorsque le produit est terminé, **apportez l'emballage à la déchetterie** et jetez-le avec les autres produits toxiques.

LES ALTERNATIVES AUX PESTICIDES

Pour éviter les traitements phytosanitaires chimiques et avoir un beau jardin ou un potager qui respire la santé, il suffit de revenir à quelques principes de base, de fertiliser correctement le sol et d'appliquer certains trucs naturels tout simples.

logo Ecofert

CHOUCHOUTEZ LE SOL DE VOTRE JARDIN

Des engrais naturels

Qui dit belles plantes dit sol fertile et riche ! C'est en effet le sol qui nourrit les végétaux en azote, phosphore et potassium ; il faut donc bien s'en occuper, l'entretenir et le choyer. Si la terre présente des carences, utilisez des engrais bio d'origine animale : guano pour l'azote et le phosphore, arêtes de poisson pour le phosphore, sang desséché de volaille, poudre d'os, corne broyée… Ces fertilisants se trouvent facilement dans le commerce et sur Internet. On vérifie toujours qu'ils portent le label biologique Ecofert (délivré par Ecocert).

D'autres engrais verts existent : les légumineuses, comme la luzerne, par exemple, sont riches en azote ; l'ortie, elle, apporte de l'azote, du potassium et des oligoéléments ; vous pouvez également utiliser du compost (pour le faire vous-même, voir p. 125) ; du fumier, mais aussi des engrais minéraux naturels telle la poudre de basalte ou de lave.

Enfin, vous pouvez aussi cultiver la jolie phacélie (*Phacelia tanacetifolia*), une fleur bleu lavande au parfum subtil et délicat et qui constitue un excellent engrais naturel. Souvent utilisée en association avec du sarrasin ou du lupin, elle repoussera des mauvaises herbes comme le chiendent. Idem pour le seigle, efficace contre les sols acides et excellent piège à nitrates, ou la moutarde, qui assainit le sol, ou encore le trèfle, riche en azote. Comme quoi, la nature regorge vraiment d'engrais verts en tout genre !

L'ortie, ma bonne amie !

Nos jambes la détestent l'été, lors des échappées champêtres ; nos enfants pleurent lorsqu'elle les pique, pourtant cette mauvaise herbe a tout pour plaire.

Tour d'horizon de ses vertus :

- **L'ortie est un pesticide naturel** de premier choix. Les coccinelles et certains oiseaux l'apprécient

Des phytosanitaires bio…
… à manipuler en connaissance de cause

Il existe deux traitements écologiques d'origine végétale : la roténone et les pyréthrines. Ils sont biodégradables, certes, et leur efficacité contre les insectes est reconnue, mais leur manipulation nécessite quelques précautions, car ils tuent aussi bien les ravageurs que leurs prédateurs naturels… Afin de ne pas tuer tout le monde en même temps, ne les pulvérisez ni sur les fleurs épanouies ni sur les insectes utiles. Traitez tôt le matin ou en début de soirée, et jamais lorsqu'il y a du vent.

---

beaucoup. Or les coccinelles dévorent les pucerons qui ravagent les plantes, et les mésanges se régalent également d'insectes ennemis des plantes.

- **L'ortie est une plante riche en minéraux et oligo-éléments**. Elle stimule la croissance des plantes et les rend plus résistantes aux insectes et à certaines maladies. Bref, c'est un engrais naturel de grande qualité, qui donne en outre aux légumes un goût plus subtil.
- L'ortie est également très utile **pour mettre en route le compost**.
- **Incroyable, mais vrai : elle est comestible** et s'avère bonne pour la santé. Un potage à l'ortie a un goût original – un compromis entre l'herbe, le cresson et la fane de radis – et vous apportera fer, protéines et acides aminés.
- Enfin, **l'ortie serait efficace contre les irrégularités glycémiques, les hémorroïdes, la goutte, les douleurs rhumatismales et les troubles de la prostate**. Ses propriétés antihémorragiques sont elles aussi reconnues.

POUR LES PLUS MOTIVÉS, LE PURIN D'ORTIE…

Le purin d'ortie est un engrais extrêmement efficace et parfaitement naturel.

Recette : premièrement, éloignez-vous de la maison pour le fabriquer, car l'odeur de la fermentation risque de chatouiller les narines sensibles… Faites macérer **1 kilo de feuilles d'orties fraîches** hachées dans **10 litres d'eau**. Remuez régulièrement (tous les 2 jours) pendant une bonne dizaine de jours. L'engrais ainsi obtenu doit être dilué dans 10 fois son volume d'eau avant d'être pulvérisé sur les fleurs et légumes. Cette préparation va accélérer la croissance de vos plantes, raviver celles qui sont anémiées, les aider à mieux se défendre et intensifier la couleur des fleurs ! Magique, non ?

Recette simplissime pour un pesticide naturel contre les insectes mangeurs de feuilles

Mélangez une tête d'ail hachée dans 1,25 l d'eau chaude, et laissez mariner pendant une demi-journée. Filtrez, versez dans un pulvérisateur et vaporisez les plantes affectées un jour sur deux pendant 15 jours. Vous pouvez aussi ajouter à cette mixture 8 piments forts et ½ cuillère à café de liquide vaisselle naturel. Il faudra alors utiliser ce spray une fois par semaine, et après chaque averse.

QUELQUES ASTUCES NATURELLES… ET EFFICACES

Contre les insectes et autres ravageurs

Quelques idées pour vous simplifier la vie et faire barrage aux petits ennemis :

- **Pour piéger les escargots**, mettez de la cendre de bois ou du sable fin autour des plantes.
- **Les hérissons et les lézards se régaleront des indésirables limaces**. Plus barbare, mais efficace, vous pouvez aussi enterrer des pots de yaourt remplis de bière où les limaces viendront s'enivrer… et se noyer.
- **Contre les pucerons** qui s'agglutinent sur les rosiers, faites macérer pendant 15 jours 50 g de tabac dans 1 litre d'eau, puis filtrez et vaporisez la préparation sur les insectes. Vous pouvez également répandre du marc de café aux pieds des plantes.
- **Contre les limaces et les pucerons**, vous pouvez faire macérer pendant 5 jours 500 g de feuilles fraîches de rhubarbe dans 5 l d'eau. Diluez ensuite le tout dans 5 volumes d'eau et arrosez ce purin répulsif autour des plantes.
- **Pour faire fuir les fourmi**s, plantez de-ci, de-là des pieds de menthe : elles n'apprécient pas du tout. Sinon, mélangez 65 g de piment de Cayenne, 60 g d'ail en poudre et 60 g d'aneth en poudre, et répandez le tout autour des plantes.

Pour désherber bio…

Rappelons-le : les mauvaises herbes participent elles aussi à la bonne santé du jardin. D'ailleurs, laissez quelque part un petit coin de verdure en friche, pour que les mauvaises herbes puissent se développer et pour favoriser la biodiversité. C'est l'idéal pour attirer les prédateurs des nuisibles.

Pour le reste du terrain, la chasse aux mauvaises herbes est ouverte, sans herbicide chimique toutefois :

- **La chaleur est un désherbant gratuit !** Versez tout simplement sur les mauvaises herbes de l'eau bouillante (1 litre pour 2 m^2), répétez régulièrement

l'opération, et le tour est joué !

- **Plongez-les dans le noir !** Si vous les recouvrez de cartons ou de bouts de moquette, les mauvaises herbes disparaîtront d'elles-mêmes car elles ne recevront plus la lumière essentielle à leur survie.
- **Plus physique, mais très efficace : le binage**. Binez régulièrement et arrachez à la racine les plantes indésirables ; jardin nickel et biceps assurés !
- **Les vertus du paillis**. Paille, lin, feuilles mortes, déchets de tonte… Couvrez les pieds de vos plantes pour éviter l'apparition de mauvaises herbes et enrichir la terre, qui restera humide plus longtemps.

SOIGNER SON POTAGER ET SON JARDIN

LE SAVOIR-FAIRE DU JARDINIER ÉCOLO

L'idéal, bien sûr, c'est que votre jardin s'épanouisse dès le départ sur un terrain sain. Pour ce faire, renseignez-vous sur son passé et ses environs. Évidemment, si votre petit bout de verdure se trouve à proximité d'un incinérateur, d'une décharge ou d'un champ de culture intensive, ce n'est pas génial… Mais, quels que soient le passé ou le voisinage du terrain, il est toujours conseillé de privilégier un jardinage bio, qui préservera (ou rétablira s'il le faut) les équilibres naturels.

Entretenir régulièrement et avec amour votre lopin de terre vous garantira un beau jardin et un potager florissant ! Investissez-vous sur vos terres au quotidien, même pour un quart d'heure si vous n'avez pas le temps, et souvenez-vous que mieux vaut prévenir que guérir…

Le compost

Le compost est un bon geste pour la planète et pour la santé de votre jardin. Il permet non seulement de réduire le volume de la poubelle, mais aussi de produire un humus de qualité qui améliore la fertilité du sol et donc la croissance des plantes. Vous pouvez acheter un compost prêt à l'emploi,

mais vous pouvez surtout le fabriquer vous-même ; c'est très simple. Choisissez bien l'emplacement où vous allez le stocker : à l'abri du vent, et pas trop ensoleillé. Creusez un trou d'une bonne vingtaine de centimètres de profondeur sur une surface de 1 m x 1 m. Ce trou est la base du compost : on y jettera les déchets organiques de cuisine (épluchures, marc de café, etc.) et les déchets végétaux du jardin (tonte du gazon, feuilles mortes, etc.). Les détritus ne seront compostés que s'ils sont en contact direct avec la terre.

Utilisez-le ensuite comme terreau pour les plantes en pots ou comme engrais naturel ; il améliorera la structure du sol et fertilisera les légumes du potager et les arbres fruitiers.

Les 3 clés pour un compost réussi

- **Matières vertes et matières brunes : le juste équilibre**

Le compost est composé de matières vertes, riches en azote (déchets de table, herbes sauvages, tontes de gazon, fumier…) et de matières brunes, riches en carbone (feuilles mortes, paille, copeaux de bois, papier, tourbe…). Or, pour obtenir un compost rapidement et sans odeurs désagréables, vous devez avoir la même quantité (en poids) de matières brunes et de matières vertes.

- **De l'eau**

Votre compost doit être humide, mais pas inondé d'eau. Imaginez une éponge essorée : quand vous serrez une poignée de compost, il doit être mouillé, mais l'eau ne doit pas dégouliner. Pensez éventuellement à installer un toit au-dessus de votre compost pour le protéger des intempéries et d'un excès d'humidité.

- **De l'air**

Aérez régulièrement le compost en le brassant. Ce geste est très important pour activer sa décomposition.

Et n'oubliez pas : plus le compost est varié, meilleur il est !

À JETER DANS LE COMPOST	
→ Les fleurs fanées et les feuilles mortes	→ Les tontes du gazon
→ La terre et le terreau issus des fonds de jardinières	→ Un peu de terre du jardin
→ Les épluchures et restes de fruits et légumes, sauf s'ils ont été traités	→ Les restes alimentaires (qui ne sont pas à base de viande)
→ La paille de blé	→ Les orties entières avant la floraison
→ Les coquilles d'œufs	→ La sciure et les copeaux de bois
→ Les coquilles de fruits secs (noix, noisettes, amandes, cacahuètes)	→ Les cheveux, poils, ongles, plumes, etc.
→ Les fumiers d'animaux (le meilleur étant celui du cheval)	→ Les excréments humains provenant de toilettes sèches utilisant une litière de copeaux et/ou de sciure de bois
→ Le papier journal imprimé en noir et blanc, les branches d'arbustes taillés (coupés en petits morceaux)	→ Certains cartons légers et non imprimés (boîtes à œufs, rouleaux d'essuie-tout ou de papier-toilette), coupés en petits morceaux
→ Les sachets de thé et le thé en vrac	→ Certains tissus en fibres naturelles

À NE PAS JETER DANS LE COMPOST	
■ Les déchets animaux (viande, os, poisson)	■ Les matières grasses animales et végétales
■ Les excréments d'animaux domestiques (chien, chat, etc.) sauf ceux des petits animaux herbivores (lapins, hamsters, etc.)	■ Les excréments humains, s'ils ne proviennent pas de toilettes sèches utilisant une litière de copeaux et/ou de sciure de bois
■ Les produits laitiers	■ Les croûtes de fromage, le pain, etc.
■ Les écorces d'agrumes (elles ne se décomposent pas)	■ Les feuilles de noyer et de rhubarbe
■ Les plantes malades	■ Les plantes tuées par herbicide
■ Les cendres (risques de dioxines)	■ Le marc de café et les filtres en papier

La rotation des cultures

Jardinez astucieux et écolo en pratiquant l'alternance des cultures d'une année sur l'autre. La rotation des cultures vise **à ne pas cultiver la même variété de légumes au même endroit tous les ans**. Elle permet ainsi de conserver un sol équilibré et de limiter les maladies et la prolifération des parasites. Elle améliore également les rendements et empêche l'envahissement des mauvaises herbes. Il est intéressant de savoir que les plantes n'ont pas toutes les mêmes exigences quant aux éléments du sol ; elles ne prélèvent ainsi dans la terre que ce qui leur convient.

En pratique, la rotation des cultures fait alterner chaque année les trois grands groupes de légumes :

- **Légumes feuilles** (salades, choux, fenouil, épinards, bettes…).
- **Légumes racines** (navets, betteraves, carottes, radis, panais, topinambours…).
- **Légumineuses** (pois, fèves, haricots…).

Mais, pour être vraiment efficace, cette alternance des cultures doit également tenir compte des associations de plantes.

Les bonnes associations de plantes

Il y a des plantes qui s'aiment et s'entraident, d'autres qui ne s'aiment pas. Savoir quelles plantes associer dans le potager, c'est prévenir l'attaque de certains ravageurs et s'assurer une meilleure récolte…

Le compagnonnage consiste à planter côte à côte des plantes et légumes dont la nature est compatible, et qui contribueront mutuellement à leur bonne santé et à leur saveur.

Quelques exemples

- **Les légumes feuillus s'associent bien avec la tomate**, la pomme de terre, le poivron et l'aubergine.
- **Les légumes racines voisinent bien avec les légumes bulbes** comme l'ail, l'oignon et l'échalote.
- **Les légumineuses font bon ménage avec le melon**, la courge, le potiron, la citrouille et le concombre.

Autre astuce déco écolo : les cache-pots lumineux

Parfaits pour éclairer balcons et jardins, ces cache-pots se rechargent le jour grâce à de petits panneaux solaires. Ils peuvent éclairer 8 heures d'affilée les longues soirées d'été ! Ah, les dîners en plein air n'en finiront plus !

On peut aussi associer aux légumes des fleurs : efficacité assurée, plaisir des yeux en plus !

- **Les myosotis éloignent les vers au pied des framboisiers.**
- **Les soucis ont la réputation de tenir éloignés les insectes** ; plantez-les donc dans votre potager près des carottes, des choux et des laitues.
- **Pour augmenter une production de haricots, plantez parmi eux des pois de senteur** : ils attireront les insectes pollinisateurs.

Les bonnes graines du jardinier passionné

L'idéal, pour semer bio, c'est de récupérer les graines de vos propres plantes. Petit jeu sympathique à faire en famille : par un après-midi non pluvieux, partez à l'affût des plus beaux pieds de légumes, récoltez leurs graines, faites-les sécher, conservez-les dans du papier kraft (pour éviter la condensation), gardez-les au frais et replantez-les le moment venu. Quel plaisir ! Attention, si vous achetze vos graines, n'achetez jamais de graines appelées **« hybride F1 »** : elles coûtent cher, et on ne peut pas les ressemer par la suite.

QUELQUES IDÉES POUR UN BEAU JARDIN ÉCOLO

Les jardins verticaux

Magnifiques, **les murs végétalisés** ou jardins verticaux sont aussi d'excellents isolants et de grands dévoreurs de pollution. Ils jouent un rôle important en matière de microclimat et de qualité de l'air ; ils régénèrent l'oxygène, retiennent l'eau de pluie et atténuent le bruit. Ils peuvent également servir de refuge ou de garde-manger pour les oiseaux et les invertébrés. Alors, faites grimper les plantes aux murs !

Une piscine écolo

Si vous faites partie des veinards qui projettent de mettre une piscine dans leur jardin, pourquoi ne

choisiriez-vous pas **une piscine naturelle**? Il s'agit d'un subtil compromis entre esthétisme, écologie et plaisir de la nature. Cette piscine ne nécessite aucun produit chimique pour son entretien : les plantes aquatiques (qui filtrent les polluants minéraux ou biologiques) et le mouvement perpétuel de l'eau en assurent la salubrité. Ce délicieux coin de fraîcheur enfoui dans la nature permet le développement d'une faune et d'une flore naturelles des plus agréables pour la vue et l'ouïe, et surtout il permet d'éviter l'usage du chlore, aussi nocif pour l'environnement (il détruirait la couche d'ozone) que pour la santé (il favoriserait l'asthme).
Alors, bonne baignade dans une eau fraîche et pure, sans produits chimiques !

UNE PISCINE CHAUFFÉE NATURELLEMENT
Si vous avez déjà une piscine, adoptez une toile isolante pour limiter la perte de chaleur et l'évaporation de l'eau. Vous pouvez aussi installer un chauffe-piscine solaire, qui permet en outre des déductions fiscales. Renseignez-vous !

Un antimoustique maison

Le jardin est le lieu idéal pour faire une petite sieste à l'ombre d'un arbre ou prendre l'apéro au soleil couchant… Mais ces plaisirs tout simples peuvent être gâchés par l'attaque des moustiques et autres insectes féroces ! Alors, **voici une recette naturelle pour faire fuir ces indésirables** : dans un vaporisateur, mélangez 1 cuillère à café et demie d'huile essentielle de citronnelle, 1 cuillère à café et demie d'huile essentielle de lavande, 1 toute petite cuillère à café d'huile essentielle d'eucalyptus, 1 cuillère à café d'huile de jojoba et 25 cl d'hamamélis distillé. Secouez le tout, vaporisez votre corps et vos vêtements en évitant les yeux et la bouche… et profitez en toute sérénité du calme de la nature !

Comment tondre sans polluer ?

Les tondeuses traditionnelles à essence ne sont pas écolo du tout : elles sont bruyantes et provoquent des émissions de gaz à effet de serre. Les tondeuses

Que faire des feuilles mortes qui jonchent la pelouse ?

Trois solutions écolo :

- Jetez-les dans le compost.
- Utilisez-les comme paillis pour protéger vos plantations.
- Si vous n'avez pas le courage de les ramasser, broyez-les directement en passant la tondeuse. Elles deviendront ainsi un engrais de qualité parfaitement naturel !

électriques sont plus écologiques, mais elles restent chères.

Les alternatives meilleures pour la planète sont les suivantes :

- **Pour de petites étendues d'herbe** : la tondeuse manuelle. Peu onéreuse, elle permet par la même occasion de se muscler tout le corps...
- **Pour les grandes étendues d'herbe** : optez pour les moutons ! Bucoliques, ils feront la joie des enfants... Attention, renseignez-vous : un couple de moutons a besoin d'un quart d'hectare au moins, alors adaptez leur nombre à la surface à tondre ! Installez également un grillage, un abri, et donnez-leur du foin de temps à autre. Bref, ne le faites que si vous avez la motivation d'y consacrer le temps et l'argent nécessaires...

TRUCS ET ASTUCES POUR NE PAS GASPILLER TROP D'EAU

Jardiner bio, c'est aussi préserver l'eau, couramment appelée aujourd'hui « or bleu » tant elle est précieuse. Alors, comment économiser cette eau nécessaire à la bonne croissance de votre petit coin de verdure ? Il existe de nombreuses solutions. La preuve...

LA RÉCUPÉRATION DES EAUX DE PLUIE

L'eau de pluie, véritable cadeau du ciel, gratuite et naturelle, doit être valorisée. La pluie qui tombe sur les toits peut couvrir jusqu'à 80 % de la consommation domestique actuelle, alors, n'hésitez pas une seconde : récupérez-la vite ! C'est un geste vieux comme le monde, qui n'a rien de compliqué. Une citerne ou un grand collecteur d'eau (jusqu'à 500 litres) sous les gouttières feront parfaitement l'affaire. En plus, l'eau de pluie est idéale pour le jardin et les plantes, car elle ne contient aucun produit de traitement.

L'État vous aide

Récupérer les eaux de pluie, c'est aussi bénéficier d'un soutien fiscal. Certaines mairies financent en effet une partie de l'installation, et un crédit d'impôt est accordé par l'État pour l'achat d'un équipement de récupération des eaux de pluie. Renseignez-vous, ça vaut le coup !

Le binage

Comme le dit le proverbe, « un bon binage vaut deux arrosages » ! Alors, dès qu'il a beaucoup plu, précipitez-vous sur les outils de jardinage, et griffez bien la terre autour des plantes. Le binage favorise en effet la pénétration de l'eau dans le sol et permet d'aérer la terre.

Le bon arrosage

- **Premier réflexe : arrosez le soir,** quelques heures avant le coucher du soleil, afin de limiter l'évaporation. Combiné à l'humidité de la nuit, cet arrosage du soir n'en sera que plus efficace.
- **Privilégiez un arrosage localisé**. Si vous avez peu de plantes, utilisez tout simplement un arrosoir. Quoi qu'il en soit, évitez l'arrosage par aspersion généralisée ; il gaspille beaucoup trop d'eau et favorise l'apparition des mauvaises herbes. Le tuyau d'arrosage n'est pas très recommandé lui non plus, car il laisse l'eau s'évaporer et on a tendance à le laisser couler en passant d'un endroit à un autre, donc à beaucoup gaspiller. La solution la plus écolo reste le goutte-à-goutte, qui permet de distribuer l'eau au pied des plantes et de limiter ainsi l'évaporation. Le système de goutte-à-goutte est facile à installer, il requiert beaucoup moins d'eau et arrose mieux les plantes. Il peut être commandé manuellement ou à l'aide d'un programmateur, et il peut évoluer en fonction des besoins. Eau préservée, économies réalisées, corvées d'arrosage supprimées : la micro-irrigation a tout pour plaire ! Et, si vous la combinez à un programmateur, vous n'aurez plus à vous casser la tête pour trouver quelqu'un qui arrosera les plantes pendant les vacances.

Le choix des plantes

- Pour ne pas gaspiller trop d'eau, il est primordial que vous choisissiez **des plantes adaptées** au climat de votre région et au sol de votre jardin.
- Privilégiez également l'achat de plantes sobres. Il existe de nombreuses **plantes économes en eau** qui

se contentent de peu, voire de rien. Attention, pas de panique, il ne s'agit pas seulement de cactus ou de plantes grasses ! Quelques exemples en vrac : le solanum, le laurier-rose, le pourpier, l'immortelle, le sedum, et les cactées évidemment. Parmi les plantes aromatiques, il y a aussi des variétés très sobres, surtout celles à feuillage gris comme le thym, le romarin ou la lavande. Les figuiers et la vigne résistent également très bien au manque d'eau. Et, du côté des vivaces, retenez l'armoise, l'agapanthe, le lierre, l'acanthe et les graminées.

Pour des informations plus détaillées, rendez-vous sur http://www.gerbeaud.com/jardin/fiches/plantes-economes-eau.php.

- Enfin, vous pouvez planter **des haies** qui permettent une meilleure rétention de l'eau dans le sol. En freinant un peu le vent, elles diminuent également l'évaporation.

UN GRAND MERCI AU PAILLIS !

Pailler le pied de ses plantes permet de conserver l'humidité de la terre et évite d'arroser trop fréquemment. Au printemps, après un arrosage copieux et en profondeur, recouvrez la terre d'un épais manteau de matériaux naturels comme les tontes de pelouse, les feuilles mortes, le compost, les granulés de bois... Mais évitez les écorces de pin, qui peuvent acidifier la terre.

10 gestes écolo tout simples…

1. Pour soigner vos plantes, n'utilisez jamais de produits phytosanitaires chimiques (les fameux pesticides), et manipulez avec précaution les insecticides naturels, car ils peuvent être mauvais pour des petites bêtes très utiles comme les vers de terre (qui aèrent le sol) ou les coccinelles (qui raffolent des pucerons).

2. Piégez les insectes indésirables en posant simplement sur leurs lieux de passage des rubans de glu, sur les troncs d'arbres par exemple.

3. Arrosez vos plantes le soir pour limiter l'évaporation et faire des économies d'eau. C'est par ailleurs meilleur pour elles que de les arroser en plein soleil.

4. Un bon réflexe : espacez légèrement les tontes de votre gazon. Une pelouse qu'on laisse pousser un peu est plus résistante à la sécheresse, réclame moins d'arrosage et donne au jardin un petit côté romantique qui n'a rien de désagréable…

5. Ne lavez pas votre voiture dans le jardin ; emmenez-la dans une station de lavage qui récupère l'eau utilisée.

et qui changent la vie

6. Exploitez les rayons du soleil plutôt que l'électricité : mettez donc du solaire pour éclairer arbres, pelouse et allées. Il y a l'embarras du choix, puisqu'il existe aujourd'hui de nombreux et jolis modèles de lampes à piquer ou à poser. Effet mille et une nuits garanti !

7. Choisissez des meubles de jardin en bois écolo, avec la certification FSC (Forest Stewardship Council) .

8. Si vous avez quelques poules, variez leur nourriture et laissez-les vivre en plein air ; leurs œufs seront ainsi plus riches en oméga 3.

9. Les fumées et les croûtes carbonisées que produisent les grillades au barbecue peuvent être nocives pour la santé. Faites attention, et privilégiez l'achat d'un petit barbecue électrique plutôt que celui d'un modèle au charbon de bois.

10 bonnes raisons d'adopter ces gestes tout simples… et qui changent la vie

1. Maintenant que l'on connaît les méfaits potentiels de certains des matériaux qui nous entourent et de certaines de nos habitudes de consommation, autant s'en préserver !

2. Puisque faire attention à nous, c'est faire attention à notre environnement, autant faire d'une pierre deux coups…

3. Et inversement, puisque faire attention à notre environnement, c'est faire attention à nous…

4. Et comme en plus, adopter un habitat sain et écologique, c'est parfois réaliser des économies, pourquoi s'en priver ?

5. La prochaine fois que vous entendrez parler du réchauffement climatique, vous serez réconforté par l'idée que vous faites ce que vous pouvez pour ne pas y contribuer.

6. En faisant de votre maison un havre sain et écologique, vous aménagez pour vous et votre famille un cocon douillet, rassurant, qui sent bon, où il fait bon vivre…

7. Au bout de quelque temps, vous remarquerez peut-être que vous êtes en meilleure santé (moins d'allergies, moins de stress, une plus grande vitalité…).

8. Et dans quelques décennies, peut-être aurons-nous la chance de constater que la nature et les animaux autour de nous se portent mieux aussi !

9. La plupart de ces gestes sont vraiment très simples, et peuvent même vous faciliter la vie.

10. Parce que vos enfants vous diront merci !

Index

Adresses utiles

Voici quelques adresses Internet pour en savoir plus :

Ademe : www.ademe.fr
Andra : www.andra.fr
CIRC : www.iarc.fr
CLCV : www.clcv.org/
CRIIGEN : www.criigen.org/
Directive REACH : www.ineris.fr/reach-info/
Fondation Nicolas Hulot : www.fondation-nicolas-hulot.org
Fondation pour l'Éducation et l'Environnement en Europe : www.f3e.org
Greenpeace : www.greenpeace.org/france/
Institut Francais de l'Environnement : www.ifen.fr
MDRGF : www.mdrgf.org/
Ministère de l'écologie : www.ecologie.gouv.fr
Rapport BioInitiative : www.bioinitiative.org
Reporters d'espoirs : www.reportersdespoirs.org/
WWF : www.wwf.fr

Pour vous renseigner sur le recyclage et les économies d'énergie des appareils électriques et électroniques :

www.recyclum.com
www.recyclagesolidaire.org
www.epeat.net
www.cnetfrance.fr
www.batribox.fr
http://don.ordi.free.fr

Pour mettre sa cuisine « au vert » :

www.greenpeace.org/raw/content/presse/dossiers-documents/guide-ogm-greenpeace-2006.pdf
www.greenpeace.org/raw/content/presse/dossiers-documents/guide-ogm-greenpeace-2006-2.pdf
→ Ces guides Greenpeace classent par liste et par rubrique les aliments contenant des OGM.
http://alliancepec.free.fr/Webamap/
→ Une mine d'infos pour connaître les associations pour le maintien de l'agriculture paysanne (AMAP) qui existent près de chez vous et faire le plein de recettes.
www.wwf.fr/s-informer/dossier/topten
www.guide-topten.com
→ Un guide édité en partenariat par le WWF et CLCV (une association nationale de consommateurs et usagers) très utile pour connaître le classement des appareils électroménagers les plus écolos.

Pour faire le tri dans sa trousse de toilette :

www.beaute-test.com/composant.php

→ Sur ce site sont répertoriées les matières premières INCI, ce qui est indispensable pour arriver à décrypter les étiquettes de ses produits de beauté.

www.greenpeace.org/France/vigitox/coument-et-liens/documents-telechargeables/guide-cosmetox

→ Ce guide permet de s'informer sur le contenu chimiques de nos produits de soin et de beauté.

Pour se déplacer et voyager plus écolo :

www.ate.ch/index.php?id=645

→ Ce guide de l'ATE (Association Transports et Environnement), intitulé l'EcoMobiListe, permet de choisir son véhicule en fonction de son impact environnemental.

www.franceautopartage.com

→ Un site pour se renseigner sur l'autopartage dans toute la France.

www.co-voiturage.fr

→ Ces associations mettent en relation les internautes qui souhaitent organiser un covoiturage.

www.tourismesolidaire.org

→ Le plein d'informations pour savoir en quoi consiste exactement l'écotourisme.

www.eco-label.com/french/

→ En cliquant sur « Chercher un produit/un service », vous obtiendrez la liste des hébergements écolabellisés.

www.f3e.org

→ Sur le site de l'office français de la Fondation pour l'Éducation à l'Environnement en Europe, vous trouverez des informations sur les labels la Clef Verte et le Pavillon Bleu.

Et pour un jardin plus « naturel » :

www.mdrgf.org

→ Le site du Mouvement pour le droit et le respect des générations futures (MDRGF) permet d'obtenir des informations utiles et fiables concernant les pesticides.

Remerciements

À Nicolas, Christine, Armand, Andréa, Stéphanie, Romain, Mathieu et Laure.

Crédits photographiques

Couverture, de haut en bas et de gauche à droite : © POLKA DOT / Jupiterimages, PHOTOS.COM / Jupiterimages, POLKA DOT / Jupiterimages, BRANDX / Jupiterimages, GOODSHOOT / Jupiterimages, POLKA DOT / Jupiterimages.
Intérieur : © BRANDX / Jupiterimages, p. 6, GOODSHOOT / Jupiterimages, p. 30, POLKA DOT / Jupiterimages, p. 52, p. 78, p. 120, CREATAS / Jupiterimages, p. 98.

Responsable d'édition : **Coralie Moutat** | Conception graphique et réalisation : **Claire Guigal** | Relecture : **Magali Brénon** | Illustrations : **Pierre Bourcier** | Responsable de fabrication : **Claire Leleu** | Photogravure : **APS Chromostyle**

ISBN : 978-2-7114-2050-6
Dépôt légal : septembre 2009

Achevé d'imprimer en France par Mame.